Langenscheidt

Übungsgrammatik

Englisch

von Dr. Lutz Walther

Langenscheidt

Berlin · Madrid · München · Warschau · Wien · Zürich

Herausgegeben von der Langenscheidt-Redaktion
Coverfoto: Getty Images/Ingram Publishing/Thinkstock
Layout: Ute Weber
Projektmanagement/Lektorat: Eva Maria Weermann, TextMedia

Laden Sie sich auf www.langenscheidt.de/uebungsgrammatik mit dem Code ue983 kostenlos Ihren Grammatiktrainer herunter.

Muttersprachliches Lektorat: Dr. Helen Galloway
www.langenscheidt.de
© 2012 by Langenscheidt KG, Berlin und München

Satz: kaltner verlagsmedien GmbH, Bobingen
Druck und Bindung: Stürtz GmbH, Würzburg

ISBN 978-3-468-34983-6

12010

Inhaltsverzeichnis

Inhaltsverzeichnis

Benutzerhinweise

Das Ziel

Für alle, die die englische Grammatik nicht nur in der Theorie beherrschen wollen, ist die *Übungsgrammatik Englisch* ideal.

Einfache Erklärungen und zahlreiche Beispiele helfen Ihnen dabei, schnell zu *verstehen* und leicht zu *lernen*. Abwechslungsreiche Übungen am Ende eines jeden Kapitels ermöglichen Ihnen, die verschiedenen Themen gezielt zu *trainieren*. Alle wichtigen Grammatikthemen der Niveaustufen A1 bis B2 werden umfassend präsentiert. Sollten Ihre Englischkenntnisse etwas eingerostet sein, können Sie die Regeln systematisch *wiederholen* und *auffrischen*. Wer mit den Grundregeln vertraut ist, kann sein Wissen *vertiefen*. Ob es auch wirklich sitzt, können Sie in einem Abschlusstest *überprüfen*. Die Gliederung in sinnvolle Lerneinheiten ermöglicht schnelles und gezieltes *Nachschlagen*, sodass keine Grammatikfrage offen bleibt.

Der Grammatiktrainer zum Download

Der Grammatiktrainer bietet Ihnen vielfältige Trainingsmöglichkeiten, um die Grammatikthemen zu vertiefen oder Gelerntes zu wiederholen. Mithilfe der interaktiven Übungen können Sie Regeln schnell erfassen und ganz leicht nachvollziehen. Indem Sie Ihr Wissen in immer neuen Zusammenhängen und Übungsfolgen praktisch anwenden, festigen Sie das Gelernte und werden immer sicherer – Übung für Übung und Satz für Satz. Mit der praktischen Lernstatistik können Sie jederzeit Ihren persönlichen Arbeitsstand überprüfen und noch vorhandene Schwächen trainieren. Auch ein gezieltes Lernen nach den Niveaustufen A1 bis B2 ist möglich. Und wenn Sie einmal ein Wort nicht verstehen, sehen Sie einfach im integrierten Wörterbuch nach.

Der Aufbau der Übungsgrammatik

Aufgrund ihrer übersichtlichen, farbigen Gestaltung – fremdsprachliche Wörter und Beispielsätze sind hellblau hervorgehoben – ist die *Übungsgrammatik Englisch* besonders benutzerfreundlich.
Eine unterhaltsame Illustration führt in das jeweilige Grammatikthema ein und setzt es in einen alltagstauglichen Kontext. Jedes Kapitel folgt einem strukturierten Aufbau: Zunächst werden die Formen dargestellt, dann wird ihr Gebrauch erörtert und durch Beispiele mit Übersetzung

veranschaulicht. Am Ende des Kapitels finden Sie Übungen, um das Gelernte zu festigen. Und damit Sie nicht umständlich hin und her blättern müssen, haben wir ein innovatives System zur schnellen Lernerfolgskontrolle entwickelt: Klappseiten, auf denen Sie problemlos die Lösungen überprüfen können. Hier können Sie auch gleich die Grundregel zum abgefragten Thema noch mal auffrischen. Praktischer geht's nicht!

Die Aussprache
Eine Übersicht über die wichtigsten Ausspracheunterschiede des Englischen im Vergleich zum Deutschen hilft Ihnen, in der gesprochenen Sprache den richtigen Laut zu bilden.

Tipps & Tricks
Damit Ihnen der Einstieg in die englische Grammatik leichter fällt, verraten wir Ihnen vorab in einem Extrateil ein paar Tipps & Tricks zum Grammatiklernen.

Die Terminologie
Wenn Ihnen ein Begriff im Deutschen oder im Englischen nicht ganz klar ist, haben Sie im Terminologieverzeichnis die Möglichkeit, diesen in einer alphabetisch sortierten Liste nachzuschlagen.

Der Abschlusstest
Und damit Sie Ihren Lernerfolg abschließend auch überprüfen können, finden Sie am Ende des Buches einen Abschlusstest, der eine Aufgabe zu jedem Kapitel bereit hält. So können Sie zum einen feststellen, wo Sie noch Schwachstellen haben und welches Grammatikkapitel Sie sich daher noch mal genauer ansehen sollten, und zum anderen erkennen Sie, in welchen Themengebieten Sie schon richtig fit sind.

Die unregelmäßigen Verben
Ferner finden Sie am Ende des Buches eine Übersicht über die wichtigsten unregelmäßigen englischen Verben. Hier haben Sie alle Sonderformen auf einen Blick und können sich diese gut einprägen.

Das Register
Um gezielt nach einzelnen Themen und Begriffen suchen zu können, haben wir im Register die wichtigsten Schlagwörter für Sie erfasst, sodass Sie mühelos und schnell den entsprechenden Eintrag finden.

Auf einen Blick

So funktioniert unser System für eine schnelle Lernerfolgskontrolle: Nach dem Motto „Learning by doing" bieten wir Ihnen am Ende jeder Lerneinheit Übungen zu den verschiedenen Grammatikthemen. So können Sie das Gelernte gleich in der Praxis anwenden, testen ob Sie alles behalten haben und sich konsequent verbessern.

Wie in den Grammatikkapiteln erkennen Sie auch bei den Übungen anhand der Niveaustufenangaben am Rand sofort, ob das Thema bzw. die Aufgabe für Ihr Lernnivau relevant ist.

Die Lösungen zu den Aufgaben finden Sie unmittelbar daneben auf ausklappbaren Seiten. Ausgeklappt wird natürlich erst nach dem Lösen! Hier können Sie auch gleich die Grundregel zum abgefragten Thema noch einmal auffrischen.

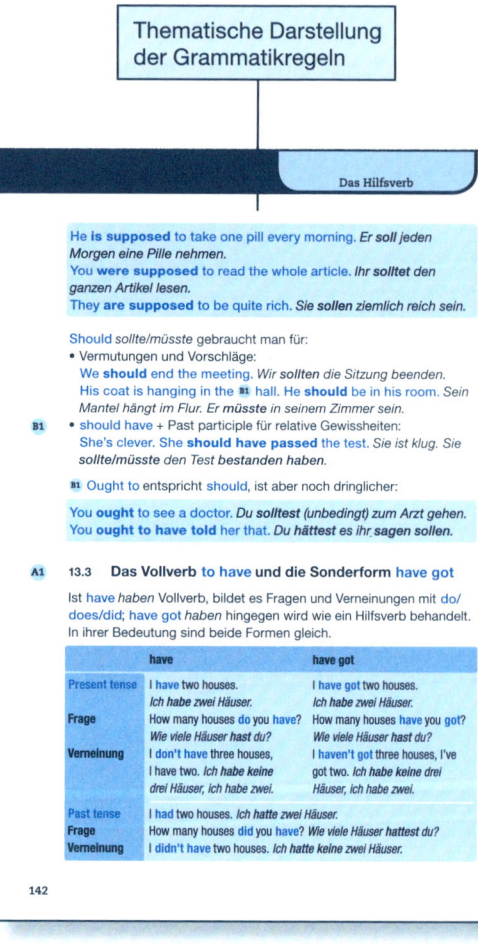

Benutzerhinweise

Übungsseite zum Stoff des vorhergehenden Kapitels

Klappseite mit den Lösungen plus Grundregel

Exercises

Übungen

1 Can und Could · A1

Bitte vervollständigen Sie die Sätze mit einer der folgenden Formen: can, could, can't, couldn't.

a. I'm sorry, but I .... speak French.

b. There was a party downstairs last night. I .... sleep at all.

c. Be quiet, please! I .... read with all this noise.

d. I knew her face but I .... remember her name.

e. When I was 14, I .... dance like a break dancer.

2 Must und must not · A1

Entscheiden Sie, ob must oder mustn't eingesetzt werden muss.

a. You must / mustn't be quiet. The baby's sleeping next door.

b. You must / mustn't smoke in this pub anymore.

c. You must / mustn't drive on the wrong side of the road.

d. You must / mustn't drink something every day.

e. You must / mustn't park outside the car park.

3 Ersatzformen · B1

Verbinden Sie jedes Hilfsverb mit der passenden Ersatzform.

a. must   be not allowed to

b. will   be supposed to

c. must not   be allowed to

d. may   have (got) to

e. should   be able to

f. can   want

143

Key to Exercises

Lösungen

1. Can und Could

a. I'm sorry, but I can't speak French.
b. There was a party downstairs last night. I couldn't sleep at all.
c. Be quiet, please! I can't read with all this noise.
d. I knew her face but I couldn't remember her name.
e. When I was 14, I could dance like a break dancer.

G Der Gebrauch von can entspricht im Großen und Ganzen dem deutschen Hilfsverb *können*. Could hingegen hat eine Doppelbedeutung: zum einen als Vergangenheitsform *konnte* und zum anderen als Konjunktivform *könnte* für mögliche Handlungen und Zustände in Gegenwart und Zukunft.

2. Must und must not

a. You must be quiet. The baby's sleeping next door.
b. You mustn't smoke in this pub anymore.
c. You mustn't drive on the wrong side of the road.
d. You must drink something every day.
e. You mustn't park outside the car park.

G Must bedeutet *müssen*, wird also für Verpflichtungen oder Zwänge verwendet; must not hingegen heißt *nicht dürfen*, was ein deutliches Verbot ist. *Nicht müssen* überträgt man meist mit don't have to do sth.

3. Ersatzformen

a. must   have (got) to   d. may   be allowed to
b. will   want   e. should   be supposed to
c. must not   be not allowed to   f. can   be able to

G Ersatzformen werden gebraucht, wenn man Hilfsverben in Zeitformen verwenden möchte, in denen deren Verwendung nicht möglich ist.

Niveaustufen

Grundregel

11

Die Niveaustufenangaben gemäß dem Europäischen Referenz-rahmen

Neben den wegweisenden Symbolen warten in jedem Kapitel die Niveaustufenangaben **A1**, **A2**, **B1**, **B2** auf Sie. Diese verraten Ihnen, welche Grammatikthemen und welche Regeln für Ihr Lernniveau relevant sind. Die Niveaustufen beziehen sich nicht nur auf das jeweilige Grammatikkapitel, sondern auch auf das in den Beispielsätzen verwendete Vokabular.

In der Praxis heißt das: Ist ein Grammatikkapitel beispielsweise der Niveaustufe **A1** zugeordnet, so sind alle verwendeten Vokabeln A1, es sei denn, sie sind mit einer anderen Niveaustufe, z. B. **A2** (direkt vor dem jeweiligen Wort oder Satz), versehen. Alle in diesem Kapitel enthaltenen Grammatikregeln sollten Sie dann beherrschen, es sei denn, eine Niveaustufenangabe am Rand weist Sie darauf hin, dass diese Regel für ein höheres Niveau, z. B. **B1**, bestimmt ist.

Hier eine kurze Erläuterung, welche Kenntnisse auf die einzelnen Niveaustufen des Europäischen Referenzrahmens zutreffen:

A1/A2: *Elementare Sprachverwendung,* d. h.

A1: Sie können einzelne Wörter und ganz einfache Sätze verstehen und formulieren.

A2: Sie können die Gesprächssituationen des Alltags bewältigen und kurze Texte verstehen oder selbst verfassen.

B1/B2: *Selbstständige Sprachverwendung,* d. h.

B1: Sie können sich in den Bereichen Alltag, Reise und Beruf schriftlich und mündlich gut verständigen.

B2: Sie verfügen aktiv über ein großes Repertoire an grammatikalischen Strukturen und Redewendungen und können im Gespräch mit Muttersprachlern bereits stilistische Nuancen erfassen.

C1/C2: *Kompetente Sprachverwendung,* d. h.

C1: Sie können sich spontan und fließend zu verschiedenen, auch komplexen oder fachspezifischen Sachverhalten äußern und sich schriftlich wie mündlich an die stilistischen Erfordernisse anpassen.

C2: Sie können mühelos jeder Kommunikationsform in der Fremdsprache folgen und sich daran beteiligen. Dabei verfügen Sie über ein umfassendes Repertoire an Grammatik und Wortschatz.

Die Symbole

Die Verwendung von selbsterklärenden Symbolen trägt dazu bei, dass Sie sich innerhalb der Kapitel auf Anhieb gut zurechtfinden. Folgende Symbole werden Ihnen immer wieder begegnen:

Unter ❶ erhalten Sie Informationen zu den speziellen Spracheigenheiten des Englischen sowie zum landestypischen Sprachgebrauch.

Unter ☼ finden Sie einen Merksatz, den Sie sich gut einprägen sollten.

➡ Hier wird der Sprachgebrauch im britischen dem amerikanischen Englisch gegenübergestellt oder es werden Ihnen Unterschiede zwischen der gesprochenen und der Schriftsprache aufgezeigt.

⚡ weist Sie auf Stolpersteine hin, damit Sie diese möglichen Fehlerquellen vermeiden können. Hier handelt es sich zumeist um Unterschiede zwischen dem deutschen und dem englischen Sprachgebrauch.

◑ signalisiert Ihnen, dass es sich hier um eine Ausnahme oder Sonderform handelt, die Sie sich besonders gut merken sollten.

L! hält einen Lerntipp für Sie bereit.

✚ gibt Ihnen eine kleine Hilfestellung.

✎ kennzeichnet die Lösungen.

G Nach diesem Symbol finden Sie die Grundregel.

Das Symbol ▶ verweist auf andere Kapitel im Buch, die Sie sich bei dieser Gelegenheit ansehen sollten. So können Sie auch gut nachvollziehen, wie die einzelnen Grammatikthemen zusammenhängen.

Abkürzungen

Akk.	Akkusativ	*jdm.*	jemandem
AE	amerikanisches Englisch	*jdn.*	jemanden
bzw.	beziehungsweise	*sb.*	somebody
BE	britisches Englisch	*sth.*	something
d. h.	das heißt	*usw.*	und so weiter
Dat.	Dativ	*u. a.*	unter anderem/n
etw.	etwas	*vgl.*	vergleiche
jd.	jemand	*z. B.*	zum Beispiel

Tipps & Tricks zum Sprachenlernen: Grammatik lernen, fast kinderleicht

Beneiden Sie nicht auch manchmal Kinder, die eine Sprache so ganz einfach nebenbei lernen, ohne sich über lästige Grammatikregeln oder fehlerhafte Konstruktionen Gedanken zu machen? Ganz so sorglos können wir Ihnen die Grammatik nicht nahebringen, aber nichtsdestotrotz heißt Sprachenlernen und insbesondere Grammatiklernen nicht zwingend stures Auswendiglernen und langweiliges Regelpauken. Um Ihnen den Umgang mit Grammatik etwas zu erleichtern, verraten wir Ihnen hier einige praktische Tipps & Tricks zum Sprachenlernen.

⚡ Pioniergeist ist gefragt

Versuchen Sie, die Andersartigkeit der Fremdsprache und ihre grammatischen Eigenarten nachzuvollziehen. Sehen Sie das Erlernen der Sprachregeln, der verschiedenen Zeiten und Formen einer Fremdsprache als Chance, Ihren eigenen Erfahrungsschatz zu erweitern, als Einblick in Denkweisen, die Ihnen nicht vertraut sind, die für andere Menschen, die diese Sprache täglich sprechen, aber ganz selbstverständlich sind. Zeigen Sie Pioniergeist! Lassen Sie Ihrer Freude am sprachlich Neuen, Fremden und Andersartigen freien Lauf!

⚡ Das Gesetz der Regelmäßigkeit

Grammatik ist wie Sport. Wer nur einmal alle Jubeljahre trainiert, wird wohl kein Marathonläufer. Es ist sinnvoller, regelmäßig ein wenig als unregelmäßig viel zu lernen. Setzen Sie einen bestimmten Zeitpunkt fest, zu dem Sie sich ungestört dem Grammatiktraining widmen können, z. B. täglich eine Viertelstunde vor dem Einschlafen oder drei Mal wöchentlich in der Mittagspause. Wie immer Sie sich entscheiden: Lernen Sie kontinuierlich, denn nur so lässt sich auch Ihr Langzeitgedächtnis trainieren.

⚡ Aufwärmen lohnt sich

Gelernten Stoff zu wiederholen ist wie leichtes Joggen: Laufen Sie sich warm mit Altbekanntem, bevor Sie sich an Neues wagen. Auch wenn ständig neue Grammatikregeln auf Sie zukommen, darf das bereits Erlernte nicht vernachlässigt werden. Wiederholen Sie auch Themengebiete, die Sie schon gut können, das macht Spaß und hält fit.

L! Das Salz in der Suppe

Versuchen Sie niemals zu viele Grammatikregeln auf einmal zu lernen. Man verliert sonst schnell den Überblick und vergisst die Details. Verwenden Sie Grammatik wie das Salz in der „Fremdsprachen-Suppe". Ebenso wie man eine Suppe versalzen kann, kann man sich das Erlernen einer Fremdsprache erschweren, indem man versucht, sich zu viele Grammatikregeln auf einmal zu merken. Lernen Sie langsam, stetig und zielorientiert und verdauen Sie in kleinen Häppchen.

L! Eigenlob stinkt nicht immer

Schauen Sie auf das, was Sie bereits können. Loben Sie sich für Fortschritte oder belohnen Sie sich für gute Leistungen. Lob motiviert und Motivation ist eine grundlegende Voraussetzung fürs Lernen.

L! Schluss mit dem Fachchinesisch

Wenn Sie etwas Neues lernen, kommen immer auch neue Fachbegriffe auf Sie zu, die Sie kennen sollten. Wählen Sie gezielt nach und nach einzelne Grammatikbegriffe aus (▷ Terminologie) und machen Sie sich mit ihrer Bedeutung vertraut. Sie werden sehen, dass es Ihnen im Laufe der Zeit leichter fallen wird, die Regeln einer Fremdsprache (auch die Ihrer Muttersprache) nachzuvollziehen und sich mit anderen darüber auszutauschen, wenn die Fachterminologie für Sie nicht mehr Fachchinesisch ist.

L! Hemmungslos werden

Auch wenn die Beschäftigung mit Grammatik nicht zu Ihren bevorzugten Freizeitaktivitäten gehört, sollten Sie, um Abneigungen, Hemmungen oder Widerwillen abzubauen, die Sprachregeln mit anderen, alltäglichen Regeln vergleichen. Straßenverkehrsregeln, mathematische Grundregeln, Regeln von Sportarten etc. sind Ihnen heute völlig vertraut, mussten jedoch erst einmal von Ihnen gelernt werden. Auch die Regeln der Grammatik werden Sie eines Tages verinnerlicht haben und, ohne darüber nachdenken zu müssen, intuitiv anwenden können.

L! Fehleranalyse gegen Fettnäpfchen

Haben Sie keine Angst vor Fehlern! Es ist nicht das Ziel des Lernens, keine Fehler zu machen, sondern gemachte Fehler zu bemerken. Nur wer einen Fehler im Nachhinein erkennt, kann ihn beim nächsten Mal vermeiden. Das Beherrschen grammatischer Grundregeln und das Verinnerlichen von Sonderformen und Ausnahmen ist dabei durchaus hilfreich: zum einen, um einen Fehler nachvollziehen zu können, und zum anderen, um nicht ein zweites Mal in dasselbe Fettnäpfchen zu treten.

L! Begeben Sie sich nicht ins Abseits

Grammatik ist spannend, wenn man sich einen Einblick in ihre Strukturen verschafft. Vergleichen Sie Grammatik auch in diesem Sinne mit Sport. Jede Sportart wird erst dann so richtig interessant, wenn man in der Lage ist, ihre Regeln nachzuvollziehen. Oder würden Sie auch Fußball oder Tennis anschauen, wenn es für Sie nur ein sinnfreies „dem-Ball-Nachlaufen" darstellen würde? Betrachten Sie eine Fremdsprache als eine Sportart, deren komplizierte Spielregeln Sie allmählich erlernen, um mitspielen und mitreden zu können, damit Sie nicht im Abseits landen.

L! Haben Sie einen Typ?

Finden Sie heraus, welcher Lerntyp Sie sind. Behalten Sie eine Regel schon im Gedächtnis, wenn Sie sie gehört haben *(Hörtyp)* oder müssen Sie sie gleichzeitig sehen *(Seh-/Lesetyp)* und dann aufschreiben *(Schreibtyp)*? Macht es Ihnen Spaß, Grammatikregeln, Zeit- und Wortformen in kleinen Rollenspielen auszuprobieren *(Handlungstyp)*? Die meisten Menschen tendieren zum einen oder anderen Lerntyp. Reine Typen kommen nur sehr selten vor. Sie sollten daher sowohl Ihren Typ ermitteln als auch Ihre Lerngewohnheiten Ihren Vorlieben anpassen. Halten Sie also Augen und Ohren offen und lernen Sie ruhig mit Händen und Füßen, wenn Sie der Typ dafür sind.

L! Sag's mit einem Post-it

Auf Post-its wurden schon Heiratsanträge gemacht oder Beziehungen beendet. Also ist es kein Wunder, dass man damit auch Grammatik lernen kann. Schreiben Sie sich einzelne Regeln (idealerweise mit Beispielen, s. u.) separat auf Blätter oder Post-its und hängen Sie sie dort hin, wo Sie sie täglich sehen können, z. B. ins Bad über den Spiegel, an den Computer, den Kühlschrank oder neben die Kaffeemaschine. So verinnerlichen Sie schwierige Regeln ganz nebenbei. Denn das Auge lernt mit.

L! Beispielsätze gegen Trockenfutter

Trockenfutter ist schwer verdaulich. Einzelne Grammatikregeln trocken aufzunehmen ebenso. Ergänzen Sie jede Regel mit Beispielsätzen. Wenn Ihnen die Beispiele, die Sie in den Lehrbüchern finden, nicht gefallen, formulieren Sie eigene!

Fortgeschrittene können in Originaltexten (Zeitungen, Büchern, Filmen, Songtexten) nach konkreten Anwendungsbeispielen suchen. So wird Grammatik leicht bekömmlich.

L! Führen Sie Selbstgespräche

Wählen Sie besonders schwierige Grammatikphänomene aus, schreiben Sie dazu einzelne Beispielsätze auf und sprechen Sie diese laut vor sich hin, z. B. unter der Dusche, beim Spazierengehen oder während langer Autofahrten. Reden Sie mit sich selbst in der Fremdsprache, so prägen Sie sich auch komplizierte Formen und Wendungen ganz schnell ein.

L! Grammatik à la Karte

Wie beim Vokabellernen lässt sich auch für die Grammatik eine Art Karteikasten mit einzelnen Karten anlegen. Eine Regel, eine Ausnahme oder ein Stichwort auf die eine Seite und Beispiele, Anwendungen oder Lösungen auf die andere. Schauen Sie sich die Karten regelmäßig an und sortieren Sie die, die Ihnen vertraut sind, allmählich aus.

L! Gegensätze ziehen sich an

Merken Sie sich die verschiedenen Verben, Adjektive oder Präpositionen paarweise, indem Sie sich immer auch das Wort einprägen, mit dem Sie das Gegenteil ausdrücken können (Antonym), oder ein weiteres Wort mit der gleichen Bedeutung (Synonym). Das hilft Ihnen, nicht „sprachlos" zu sein, wenn Ihnen mal ein Wort nicht gleich einfällt. Indem Sie Antonyme und Synonyme mit dazu lernen, bauen Sie sich einen breit gefächerten Wortschatz auf und können sprachlich aus dem Vollen schöpfen.

L! Übung macht den Meister!

Wie heißt es doch so schön: „Lehre bildet Geister, doch Übung macht den Meister!".

So wichtig es auch ist, sich die Grammatikregeln und -strukturen fest einzuprägen, so unerlässlich ist es jedoch, diese immer wieder zu wiederholen und zu testen. Denn nur konsequentes Üben trägt dazu bei, dass frisch Gelerntes auch in das Langzeitgedächtnis gelangt und nicht mit der Zeit verblasst, einrostet oder ganz verschwindet.

L! Denken Sie in Schubladen

Was im wahren Leben nicht unbedingt sinnvoll ist, kann beim Grammatiklernen hilfreich sein: Machen Sie sich gedankliche Schubladen, in die Sie die gelernten Formen und Ausnahmen einsortieren, und versehen Sie diese mit Etiketten: unregelmäßige Verben, Hilfsverben, Präpositionen, Konjunktionen etc.

L! Bleiben Sie in Bewegung

Sie müssen beim Lernen nicht unbedingt am Schreibtisch sitzen. Stehen Sie auf, gehen Sie im Zimmer auf und ab oder wiederholen Sie beim Spazierengehen, beim Joggen, beim Schwimmen in Gedanken die neu gelernten Regeln. Ihr Gehirn funktioniert nachweislich besser, wenn Ihr Körper in Bewegung ist.

L! Beweisen Sie Taktgefühl

Klopfen Sie im Takt dazu (z. B. auf die Tischplatte), wenn Sie sich Grammatikregeln, feste Wendungen oder Beispielsätze einprägen wollen. Takt und Rhythmus fördern Ihr Erinnerungsvermögen. Eventuell hilft auch musikalische Unterstützung in Form von Hintergrundmusik. Und beim Wiederholen der Regeln und Strukturen können Sie Ihr Taktgefühl und Ihr Gedächtnis unter Beweis stellen.

L! Grammatik aus dem Ei

Lernen Sie mit Eselsbrücken, Reimen, Merkhilfen und Lernsprüchen. „7-5-3 Rom schlüpft aus dem Ei" – was bei historischen Jahreszahlen funktioniert, klappt auch beim Sprachenlernen.

L! Machen Sie Witze?

Merken Sie sich Witze, Sprichwörter oder Redewendungen, in denen eine grammatikalische Struktur oder eine Regel Anwendung findet. Indem Sie sich beispielsweise einen Witz in der Fremdsprache einprägen und sich an diesen erinnern, prägen Sie sich auch das jeweilige Grammatikphänomen ein. Aber denken Sie daran, dass sich weder Witze noch feste Wendungen immer wörtlich von einer Sprache in die andere übertragen lassen!

L! Lieber Miss Marple als Steuerberater?

Viele Menschen empfinden Grammatikübungen als langweilig. Zugeben: Wer immer nur Lückentexte macht, verliert schnell die Lust. Achten Sie darauf, dass die Grammatikübungen, die Sie machen, abwechslungsreich sind. Sie sollten beim Grammatiktraining nicht das Gefühl haben, Ihre Steuererklärung auszufüllen oder an einer unbezahlten Umfrage teilzunehmen, sondern vielmehr das Gefühl, einen rätselhaften Kriminalfall zu lösen (mit Zuordnungsaufgaben), an einem Quiz teilzunehmen (mit Multiple-Choice-Aufgaben) oder einen Geheimcode zu dechiffrieren (bei Satzbauübungen, hoffentlich nicht bei Übersetzungen).

L! Gretchenfrage: Und wie steht's mit der Muttersprache?

Denken Sie über Ihre eigenen Sprechgewohnheiten nach und schauen Sie sich die Regeln Ihrer Muttersprache an. Die Gesetze der Fremdsprache sind viel einfacher nachvollzieh- und erlernbar, wenn man die Unterschiede zur eigenen Muttersprache kennt. Welche Zeitformen verwenden Sie wann, wie werden sie gebildet etc.? Indem Sie die Fremdsprache mit Ihrer Muttersprache vergleichen, machen Sie sich Parallelen und Unterschiede bewusster und prägen sich diese gleich viel besser ein.

L! E-Mail für Sie

Um auch schriftlich voneinander zu lernen, suchen Sie sich eine/n E-Mailpartner/-in und schreiben Sie kurze fremdsprachige Mails. Treffen Sie die Vereinbarung, sich gegenseitig zu korrigieren. Sie werden sehen, es macht Spaß, sich über sprachliche Dinge auszutauschen und auf die Fehler des anderen, die vielleicht auch Ihre eigenen sind, aufmerksam zu machen.

L! Wer liest, ist im Vorteil

Wagen Sie sich langsam an fremdsprachige Lektüre heran, sei es in vereinfachter Form mit Übersetzungshilfen, sei es in Form leichter Originaltexte, und schauen Sie sich insbesondere die grammatischen Feinheiten immer wieder bewusst an. Es zählt nicht, wie viel Sie lesen, sondern dass Sie einzelne grammatische Strukturen im Kontext nachvollziehen können und verstehen, was ausgedrückt werden soll.

L! Tauschen Sie Grammatik gegen Sauerbraten

Versuchen Sie, einer anderen Person (Kind, Freund/-in, Partner) die grammatischen Eigenarten einer Fremdsprache zu erklären. Niemand lernt besser als jemand, der andere unterrichtet und sich dabei die Regeln noch mal selbst bewusst macht. Dafür erklärt Ihr Kind Ihnen sicher bei Bedarf, wie man eine MMS verschickt, oder Ihre Schwiegermutter, wie man Sauerbraten zubereitet.

L! Haben Sie O-Töne?

Lernen Sie multimedial! Schauen Sie DVDs oder Kinofilme im Originalton und wenn möglich mit Originaluntertitel an, also z. B. einen englischen Film mit englischem Untertitel. Sie werden sehen, dass Sie durch das Mitlesen das Gesprochene besser verstehen als ohne die Texthilfe. Halten Sie die DVD auch mal an und schreiben Sie sich interessante Wörter, Phrasen oder grammatische Strukturen auf.

L! Learning by doing in freier Wildbahn

Zu guter Letzt, wenden Sie die Fremdsprache und Ihr neu gelerntes Wissen aktiv an. Reisen Sie in Länder, in denen die Sprache gesprochen wird, genießen Sie es, mit Menschen in der Fremdsprache zu sprechen, die Sie gerade lernen oder dann auch schon können, und freuen Sie sich über die Anerkennung, die Sie dafür bekommen, und die Kontakte, die Sie dabei knüpfen können – weil Sprachen verbinden …

Viel Spaß und Erfolg beim Grammatiklernen
wünscht Ihnen
Ihre Langenscheidt-Redaktion

Terminologie

Englisch	Deutsch
adjective	Adjektiv
adverb	Adverb
adverbial phrase	adverbiale Bestimmung
article	Artikel
auxiliary verb	Hilfsverb
case	Kasus (Fall)
comparative	Komparativ (1. Steigerungsstufe)
complement	Ergänzung
compound	zusammengesetztes Substantiv
conditional sentence	Konditionalsatz (If-Satz)
definite article	bestimmter Artikel
demonstrative pronoun	Demonstrativpronomen
feminine	feminin (weiblich)
future perfect	Futur II (vollendete Zukunft)
future perfect progressive	Verlaufsform der vollendeten Zukunft
future perfect simple	einfache Form der vollendeten Zukunft
future progressive	Verlaufsform der Zukunft
future simple	einfache Form der Zukunft
future tense	Futur (Zukunft)
gender	Genus (Geschlecht)
gerund	Gerund (Verbalsubstantiv)
going to-future	Going to-Future
imperative	Imperativ (Befehlsform)
indefinite article	unbestimmter Artikel
indicative	Indikativ (Wirklichkeitsform)
infinitive	Infinitiv
ing-form	Verlaufsform (ing-Form)
interrogative pronoun	Interrogativpronomen (Fragewort)
irregular verb	unregelmäßiges Verb
linking verb	Kopulaverb
masculine	maskulin (männlich)
modal auxiliary verb	unvollständiges Hilfsverb
mood	Modus (Indikativ, Konjunktiv, Imperativ)
neuter	neutrum (sächlich)

Englisch	Deutsch
noun	Substantiv
number	Numerus (Einzahl oder Mehrzahl)
participle	Partizip
passive	Passiv
past participle	Partizip Perfekt
past perfect	Plusquamperfekt (vollendete Vergangenheit)
past perfect progressive	Verlaufsform der vollendeten Vergangenheit
past perfect simple	einfache Form der vollendeten Vergangenheit
past progressive	Verlaufsform der Vergangenheit
past simple	einfache Form der Vergangenheit
past tense	Präteritum (Vergangenheit)
personal pronoun	Personalpronomen
plural	Plural (Mehrzahl)
possessive pronoun	Possessivpronomen
predicate	Prädikat
preposition	Präposition
present participle	Partizip Präsens
present perfect	Perfekt (vollendete Gegenwart)
present perfect progressive	Verlaufsform der vollendeten Gegenwart
present perfect simple	einfache Form der vollendeten Gegenwart
present progressive	Verlaufsform der Gegenwart
present simple	einfache Form der Gegenwart
present tense	Präsens (Gegenwart)
progressive infinitive	Infinitiv der Verlaufsform
pronoun	Pronomen (Fürwort)
quantifier	Mengenangabe
question tag	Frageanhängsel
reflexive pronoun	Reflexivpronomen
relative clause	Relativsatz
relative pronoun	Relativpronomen
singular	Singular (Einzahl)
subjunctive	Konjunktiv (Möglichkeitsform)
superlative	Superlativ (2. Steigerungsstufe)
tense	Zeitform
will-future	Will-Future

Aussprache

Die folgende Übersicht bietet eine Orientierungshilfe für die Aussprache schwieriger Laute.

Vokal	Englisches Beispiel	Aussprachevergleich
ʌ	much [mʌtʃ], but [bʌt]	kurzes a wie in *Katze*
ɑː	father ['fɑːðə]	langes a wie in *Bahn*
æ	cat [kæt], bad [bæd]	offenes ä wie in *Wäsche*
ə	away [ə'weɪ]	schwaches e wie in *bitte*
e	set [set], head [hed]	kurzes e wie in *Wetter*
ɜː	bird [bɜːd]	langes ö wie in *flirten*
ɪ	fit [fɪt], in [ɪn]	kurzes i wie in *bitte*
iː	feel [fiːl], read [riːd]	langes i wie in *nie*
ɒ	shop [ʃɒp], gone [gɒn]	kurzes, offenes o wie in *Gott*
ɔː	door [dɔː], law [lɔː]	langes o wie in *froh*
ʊ	put [pʊt], good [gʊd]	kurzes u wie in *Mutter*
uː	food [fuːd]	langes u wie in *Schuh*

Konsonant	Englisches Beispiel	Aussprachevergleich
ŋ	thing [θɪŋ]	wie ng in *Ding*
r	room [ruːm], carry ['kærɪ]	r mit zurückgebogener Zunge
s	see [siː], glass [glɑːs]	stimmloses s wie in *heiß*
z	zoo [zuː], news [njuːz]	stimmhaftes s wie in *Sand*
ʃ	show [ʃəʊ], fish [fɪʃ]	wie sch in *Schulter*
tʃ	cheap [tʃiːp]	wie tsch in *Tschüs*
ʒ	television ['telɪˌvɪʒn]	wie sch wie in *Genie*
dʒ	just [dʒʌst]	wie dsch in *Job, Gin*
θ	thanks [θæŋks]	stimmloser Lispellaut
ð	the [ðə], with [wɪð]	stimmhafter Lispellaut
v	very ['verɪ], live [lɪv]	wie w in *Vase*
w	water ['wɔːtə]	ähnlich wie kurzes u

[ː] nach einem Lautzeichen bedeutet Dehnung. In mehrsilbigen Wörtern steht vor der betonten Silbe das Zeichen [ˈ]. Eine Nebenbetonung wird durch [ˌ] angezeigt.

1 Der Artikel

He still wants to be a captain.

Er möchte immer noch Kapitän sein.

Artikel sind Begleiter von Substantiven. Das Englische kennt zwei Artikel: den bestimmten the und den unbestimmten a. Sie zeigen an, ob man über etwas Bestimmtes und Bekanntes oder etwas Unbestimmtes und Unbekanntes spricht:

I found **the** knife in the garden. *Ich habe das Messer im Garten gefunden.*

I found **a** knife in the garden. *Ich habe ein Messer im Garten gefunden.*

Benutzung und Funktion der Artikel sind ähnlich wie im Deutschen. Es sind jedoch einige Unterschiede zu beachten.

1.1   Der bestimmte Artikel

A1

Formen

Der bestimmte Artikel heißt the. Entscheidend für die Aussprache ist immer der Anlaut des folgenden Wortes, nicht die Schreibweise. Beginnt das folgende Wort mit einem Konsonanten, sagt man [ðə].

the minute *die Minute*   **the** window *das Fenster*   **the** head *der Kopf*

Beginnt es mit einem Vokal, sagt man [ðɪ] (im AE häufig nur [ðə]).

the arm *der Arm*   **the** Internet *das Internet*   **the** office *das Büro*

25

Gebrauch

Der bestimmte Artikel steht vor zählbaren Dingen. Dabei ist es unerheblich, ob der Begriff im Deutschen männlich, weiblich oder sächlich ist, im Singular oder Plural vorkommt oder in welchem Kasus er steht.

the bird *der Vogel*	**the** cat *die Katze*	**the** animal *das Tier*
the birds *die Vögel*	**the** cats *die Katzen*	**the** animals *die Tiere*

Die Verwendung richtet sich häufig nach der Frage, ob man von etwas Konkretem (mit Artikel) oder etwas Allgemeinem (ohne Artikel) spricht. Bitte vergleichen Sie:

Mit Artikel stehen:

Yesterday my mother went to **the** school to talk to the English teacher. *Gestern ging meine Mutter zur Schule, um mit der Englischlehrerin zu sprechen.*
The breakfast I had in London was great. *Das Frühstück in London war super.*
They came on **the** 9.50 train. *Sie kamen mit dem Zug um 9:50 Uhr.*
I like **the** music of Eric Clapton. *Ich mag die Musik von Eric Clapton.*
A2 I met my wife in **the** summer of 1999. *Ich habe meine Frau im Sommer 1999 kennengelernt.*

Ohne Artikel stehen:

I go to school every morning. *Ich gehe jeden Morgen zur Schule.*
Breakfast is at 7. *(Das) Frühstück ist um 7.*
They came by train. *Sie kamen mit dem Zug.*
I love music. *Ich liebe (die) Musik.*
A2 Summer is the most beautiful season of the year. *Der Sommer ist die schönste Jahreszeit.*

Ebenfalls ohne Artikel stehen:
• Verbindungen aus **by** + Verkehrsmittel:

by car *mit dem Auto*	**by** bus *mit dem Bus*
by bike *mit dem Fahrrad*	⚡ on foot *zu Fuß*

- weitere Phrasen dieser Art: **in/to bed** *im/ins/zu Bett*, **to work** *zur Arbeit*, **at school** *in der Schule*, **in/to hospital** *im/ins Krankenhaus*, **to church** *zur Kirche*, **at night** *nachts*, **A2** **at sea** *auf See* (aber **in/near the sea** *im/am Meer*) sowie **B1** **in prison** *im Gefängnis*.
- Eigennamen, Verwandtschaftsbezeichnungen, Titel: Sarah, Dad, Grandma, Uncle James, Dr Robertson (➡ AE: Dr. Robertson)
- Länder, Plätze, Berge, Gebäude, Seen und Straßen:

Switzerland	**Buckingham Palace**
die Schweiz	*der Buckingham Palast*
Trafalgar Square	**Lake Ontario**
der Trafalgar Square	*der Ontariosee*
Mount Everest	**Durban Road**
der Mount Everest	*die Durban Road*

  ◗ Ausnahmen: **the UK**, **the US**, **the Netherlands**, **the United Arab Emirates**
- Substantive mit Zahlen: **platform**, **track** *Bahnsteig*, **size** *Größe*, **page** *Seite*, **room** *Zimmer*, **question** *Frage*, **A2** **gate** *Flugsteig*:
  Can you answer question 4? *Kannst du (die) Frage 4 beantworten?*
  The train to Hogwarts leaves from platform 9¾. *Der Zug nach Hogwarts fährt aus Gleis 9¾.*
  Please open your books at page 215. *Bitte öffnet eure Bücher auf S. 215.*
- **A2** **most** *die meisten* (im Gegensatz zum Deutschen):
  Most children love ice-cream. *Die meisten Kinder mögen Eis.*
- Spiele; Brett-, Ball- oder Gesellschaftsspiele:
  He A2 plays football twice a week. *Er spielt zweimal pro Woche Fußball.*
- nicht zählbare und abstrakte Begriffe wie: **music** *Musik*, **water** *Wasser*, **space** *Raum*, **A2** **life** *Leben*, **nature** *Natur*, **art** *Kunst*, **B1** **society** *Gesellschaft* oder **B2** **literature** *Literatur*:
  I like water. *Ich mag Wasser.* **Life is beautiful.** *Das Leben ist schön.*
- ebenso zusammengesetzte allgemeine Begriffe, z. B. **Western society** *die westliche Gesellschaft*, wenn der allgemeine Charakter überwiegt.

⚡ Spricht man aber von einer bestimmten Sache oder werden abstrakte Begriffe durch eine Konstruktion mit **of** näher erläutert, so verwendet man den bestimmten Artikel:
I like the art of Picasso. *Ich mag die Kunst von Picasso.*

⚡ Körperteile werden meist nicht (wie im Deutschen) mit dem bestimmten Artikel verbunden, sondern mit einem Personalpronomen.
Sally broke her arm. *Sally hat sich den Arm gebrochen.*

Mit bestimmtem Artikel stehen:
- Dinge, von denen es nur ein Exemplar gibt: **the world** *die Welt*, **A2** **the sun** *die Sonne*, **B1** **the moon** *der Mond*, **the earth** *die Erde*: **I love the world we live in.** *Ich liebe die Welt, in der wir leben.* **B1** **The moon goes round the earth.** *Der Mond dreht sich um die Erde.*
- Tiere, wenn ein Exemplar beispielhaft für die ganze Gattung steht: **The elephant is the largest land animal.** *Der Elefant ist das größte Landtier.*
- Musikinstrumente (im Allgemeinen): **I started playing the piano when I was five.** *Mit fünf habe ich angefangen, Klavier zu spielen.* **Can you play the guitar?** *Kannst du Gitarre spielen?*
- **A2** Superlative: **She is the youngest student on our course.** *Sie ist die jüngste Studentin in unserem Kurs.*

A2 ## 1.2 Der unbestimmte Artikel

Formen

Der unbestimmte Artikel heißt **a**. Er wird [ə] oder betont [eɪ] ausgesprochen und steht vor Begriffen, die mit einem Konsonanten beginnen. Da immer die Aussprache ausschlaggebend ist, gilt diese Regel auch für Wörter, die mit einem **u** anfangen, das als **j** ausgesprochen wird: **university** [ˌjuːnɪˈvɜːsətɪ] *Universität*.
Steht **a** vor Wörtern, die mit einem Vokal beginnen, wird der unbestimmte Artikel zu **an** [ən]. Das betrifft auch Begriffe mit einem stillen **h** wie in **hour** [ˈaʊə] *Stunde*:

a tree *ein Baum*	**an** accident *ein Unfall*
a woman *eine Frau*	**an** umbrella *ein Schirm*

Gebrauch

Der unbestimmte Artikel steht vor zählbaren Dingen im Singular:

a bird *ein Vogel*   **a** cat *eine Katze*   **an** animal *ein Tier*

Auch bei folgenden Ausdrücken steht im Unterschied zum Deutschen ein unbestimmter Artikel:
- Beruf, Religion und einige Krankheiten:

Are you **a** teacher?
Sind Sie Lehrer?
A2 I've got **a** headache.
Ich habe Kopfschmerzen.

I'm **a** Buddhist.
Ich bin Buddhistin.
aber: She's got the flu.
Sie hat (die) Grippe.

- Ausrufe der Freude dann, wenn es sich um zählbare Dinge handelt. Vergleichen Sie:
  What **a** great book! *Was für ein tolles Buch!*
  What terrible weather! *Was für ein schreckliches Wetter!*

⚡ Der unbestimmte Artikel steht weder vor zählbaren noch vor nicht zählbaren Begriffen im Plural:
There are cats in the garden. *Da sind Katzen im Garten.*
I opened the window because I needed some air. *Ich habe das Fenster geöffnet, weil ich Luft brauchte.*

Bei zählbaren Dingen kann man häufig some und any einsetzen (▷ ⑥):
I talked to (**some**) friends in town. *Ich habe mit Freunden in der Stadt gesprochen.*
Did you buy (**any**) potatoes? *Hast du Kartoffeln gekauft?*
- Wörter wie information *Information(en)*, news *Nachricht(en)* und **B1** advice *Rat(schläge)* werden im Gegensatz zum Deutschen als nicht zählbar betrachtet und ebenfalls mit some/any und einem Verb im Singular verwendet:
  He did not give her **any** information. *Er gab ihr keine Informationen.*
  No news **is** good news. *Keine Nachrichten sind gute Nachrichten.*
- Soll eine bestimmte Anzahl betont werden, so lässt sich in einigen Fällen **a piece of** verwenden:

I need **a piece of** information. *Ich brauche eine Information.*
I know it's hard for a teenager to listen to an adult but can I give
you **a piece of** advice? *Ich weiß, dass es für einen Teenager schwer
ist, auf einen Erwachsenen zu hören, aber darf ich dir einen Rat
geben?*

L! Zusammenfassend hier eine Liste als Faustregel, wobei es auch
eine Reihe von Ausnahmen gibt:

ohne Artikel	mit Artikel
unzählbare Dinge	zählbare Dinge
(water *Wasser*, air *Luft*)	(the/a cat *die/eine Katze*)
abstrakte Begriffe	spezielle Dinge
(music *Musik*, space *Raum*)	(the love of a child *die Liebe eines Kindes*)
Länder	Sammelbegriffe
(France *Frankreich*)	(the poor *die Armen*)
Berge	Berufe
(Mt Everest *der Everest*)	(the/a doctor *der/ein Doktor*)
Kontinente	Nationalitäten
(Asia *Asien*, Africa *Afrika*)	(the/an American *der/ein Amerikaner*)
Straßen	Konfessionen
(London Road *Londoner Straße*)	(the/a Christian *der/ein Christ*)
Seen	Schiffe
(Lake Erie *der Eriesee*)	(the Titanic *die Titanic*)
Planeten	Flüsse
(Venus *Venus*, Mars *Mars*)	(the Mississippi River *der Mississippi*)
Substantive mit Zahlen	Ozeane
(platform *Bahnsteig*, size *Größe*,	(the Atlantic Ocean *der Atlantik*)
gate *Gate*, page *Seite* usw.)	Gebäude
Mahlzeiten	(the/a post office *das/ein Postamt*)
(breakfast *Frühstück*, lunch *Mittagessen*)	Hotels
mit most	(the/a Holiday Inn *das/ein Holiday Inn*
(most children *die meisten Kinder*)	[*Hotel*])
TV	nach without
(watch TV *Fernseh schauen*)	(without the/a car *ohne das/ein Auto*)
	Radio
	(listen to the/a radio *Radio hören*)

2 Das Substantiv

The young couple that moved in next door is so much in love. He buys her roses every day. Why can't you do that?

But I don't know her.

Das junge Paar, das nebenan eingezogen ist, ist so verliebt. Er kauft ihr jeden Tag Rosen. Warum machst du das nicht? – Aber ich kenne sie doch gar nicht.

Substantive sind einfache oder zusammengesetzte Begriffe für Personen, Tiere sowie konkrete und abstrakte Begriffe: Mike, dog *Hund*, sand *Sand*, music *Musik*.

Die englischen Substantive haben folgende Grundmerkmale:
- Sie werden kleingeschrieben.
- Um die Pluralform zu bilden, hängt man in der Regel ein -s an.
- Zusammengesetzte Substantive schreibt man meist getrennt.
- Sie haben in allen Kasus die gleiche Form (◖ Ausnahme: s-Genitiv).

2.1 Die Groß- und Kleinschreibung

☀ Englische Substantive schreibt man klein. ◖ Ausnahme: Großgeschrieben werden Eigennamen, z. B. für Personen oder geografische Orte wie Städte, Länder, Berge sowie Monats-, Wochen- und Feiertagsnamen und Nationalitäten (auch als Adjektive) sowie das Wort I *ich*.

I met Jacky, my Australian friend, in London last June. *Letzten Juni habe ich Jacky, meine australische Freundin, in London getroffen.*
On our last holiday in New York Charles and I visited the Empire State Building on 5th Avenue. *Bei unserem letzten Urlaub in New York besuchten Karl und ich das Empire State Building in der 5th Avenue.*

A1 2.2 **Das Genus**

Obwohl die englischen Substantive kein grammatisches Genus haben (der Artikel ist immer **the** ▷ **❶**), werden alle Personen in der Regel als maskulin (**he**) oder feminin (**she**) und alle Dinge als neutrum (**it**) angesehen.

Das heißt, dass auch Dinge, die im Deutschen ein maskulines oder feminines Genus haben (z. B. der Arm, die Nase), im Englischen ein Neutrum sind und als Pronomen **it** erfordern:

Have you met Sarah? **She** lives upstairs. *Kennst du Sarah? Sie wohnt über uns.*

I got a hat for my birthday, but **it**'s too large. *Ich habe einen Hut zum Geburtstag bekommen, aber er ist zu groß.*

❶ Einige Ausnahmen und Besonderheiten:

* Bei vielen Personenbezeichnungen ist nicht erkennbar, ob sie sich auf einen Mann oder eine Frau beziehen (**friend** = *Freund* oder *Freundin*). Hier entscheidet meist der Name der Person oder das verwendete Pronomen.
* Manche Berufsbezeichnungen lassen nicht erkennen, ob sie sich auf eine Frau oder einen Mann beziehen (**doctor** = *Arzt* oder *Ärztin*). In der Regel kann man zur Unterscheidung **woman** oder **female** voranstellen: **woman/female teacher** *Lehrerin* oder hängt **-man** bzw. **-woman** an: **police**man/**police**woman *Polizist/Polizistin*.
* Zwischen Maskulinum und Femininum unterschieden wird bei:
  boyfriend *Freund* – **girlfriend** *Freundin*
  waiter *Kellner* – **waitress** *Bedienung*
* Haustiere können gemäß ihrem natürlichen Genus mit **he** oder **she** benannt werden:
  Fred has a black cat. **Her** name is Billy. *Fred hat eine schwarze Katze. Ihr Name ist Billy.*

A1 2.3 **Der Plural**

Formen

☀ Den Plural eines Substantivs erhält man durch Anhängen von **-s** an den Singular:

guest *Gast* → **guest**s *Gäste*

◗ Folgende Ausnahmen und Besonderheiten gibt es bei der Plural-
bildung:
- Endet ein Substantiv auf **-s, -z, -sh, -ch** oder **-x**, hängt man **-es** [ɪz]
an:
address *Adresse* → address**es**
- Endet ein Substantiv auf **-y** nach einem Konsonanten, wird dieses
vor dem Plural-**s** zu **-ie**:
party *Party* → part**ies**
- Steht am Wortende aber ein **-y** nach einem Vokal, bleibt es im Plu-
ral erhalten:
key *Schlüssel* → ke**ys**

Wichtige unregelmäßige Pluralformen:
- Substantive auf **-f** bzw. **-fe** enden im Plural auf **-ves**:
knife *Messer* → kni**ves**, wife *Ehefrau* → wi**ves**, **A2** life *Leben* →
li**ves**, **B1** shelf *Regal* → shel**ves**
◗ Ausnahme: **B1** handkerchief *Taschentuch* → handkerchie**fs**,
B2 roof *Dach* → roo**fs**
- Einige wenige Substantive auf **-o** verwenden die Pluralendung **-es**:
potato *Kartoffel* → potato**es**, **A2** tomato *Tomate* → tomato**es**
- Der Plural von **man** *Mann* ist **men**; der von **woman** *Frau* lautet
women [ˈwɪmɪn]. Bei Berufsbezeichnungen, die zur Unterschei-
dung **woman** vorstellen, stehen beide Begriffe im Plural:
woman teacher *Lehrerin* → wo**men** teacher**s**
- Ganz unregelmäßige Pluralformen haben:
child *Kind* → children, foot *Fuß* → feet, tooth *Zahn* → teeth,
B1 mouse *Maus* → mice, **B2** goose *Gans* → geese, ox *Ochse* →
oxen
- Merken sollte man sich Substantive, bei denen Singular und Plural
gleich sind:
fish *Fisch* → fish *Fische* (auch Fischarten wie **B2** trout *Forelle* und
salmon [ˈsæmən] *Lachs* haben nur eine Form), **B1** sheep *Schaf* →
sheep, **B2** deer *Hirsch, Reh* → deer
- Die gleiche Singular- und Pluralform haben einige Nationalitäten:
Swiss *Schweizer(in)* → Swiss *Schweizer(innen)*
A2 Japanese *Japaner(in)* → Japanese *Japaner(innen)*
Chinese *Chinese, Chinesin* → Chinese *Chines(inn)en*

A1 **Singular oder Plural?**

Viele Dinge, die aus zwei Teilen bestehen, haben nur *eine* Pluralform, die aber für Plural und Singular steht. Man verbindet sie immer mit einem Verb im Plural:

glasses *Brille, Brillen*	**trousers** (🖝 AE: **pants**) *Hose, Hosen*
A2 **jeans** *Jeans*	**scissors** *Schere, Scheren*

Ein Satz wie **Where are the glasses?** kann also zweifach übersetzt werden: *Wo ist die Brille?* und *Wo sind die Brillen?*

Einige Wörter haben *keine* Pluralform; man verbindet sie mit einem Verb im Singular:

information *Informationen*	**furniture** *Möbel*	**B1** **advice** *Rat(schlag)*

Möchte man sagen, dass es sich nur um *eine* Information, *ein* Möbelstück oder *einen* Ratschlag handelt, fügt man **a piece of** hinzu:
Let me give you a good **piece of** advice. *Lass mich dir einen guten Rat geben.*

⚡ Auch **news** *Nachricht(en)* und **United States** *Vereinigte Staaten* stehen in Verbindung mit einem Verb im Singular.

Viele Gruppenbezeichnungen können (vor allem im BE) als Singular oder als Plural betrachtet werden. Stellt man sich die Gruppe als geschlossene Einheit vor, steht das begleitende Verb im Singular, denkt man an die einzelnen Mitglieder, steht es im Plural:

family *Familie*	**class** *Klasse*	**crowd** *Menge (von Menschen)*
army *Armee*	**team** *Team*	**A2** **public** *Öffentlichkeit*
staff *Personal*	**B1** **company** *Firma*	**party** *Partei*
crew *Besatzung*	**orchestra** *Orchester*	**B2** **audience** *Zuschauer, -hörer*

⚡ Achtung: Das Wort **police** *Polizei* wird trotz seiner Singularform immer als Plural aufgefasst und mit einem Verb im Plural verwendet.

2.4 Das zusammengesetzte Substantiv A1

Die meisten zusammengesetzten Substantive, compounds genannt, die im Deutschen in *einem* Wort geschrieben werden, schreibt man im Englischen getrennt:

living room *Wohnzimmer*
post office *Postamt*
car park *Parkplatz*
traffic lights *Ampel*

➡ AE: movie theater *Kino*
shopping bag *Einkaufstüte*
identity card *Ausweis*
A2 washing machine *Waschmaschine*

Doch gelegentlich schreibt man sie auch zusammen: **A2** postman *Postbote*. Es empfiehlt sich, im Zweifelsfall ein Wörterbuch zur Hand zu nehmen.

2.5 Der Genitiv A1

☼ Der Genitiv antwortet auf die Frage: whose *wessen?* Er zeigt also ein Besitzverhältnis an. Es gibt zwei Arten, den Genitiv auszudrücken: durch Anhängen von 's oder durch die Konstruktion mit of.

Der Genitiv mit 's A1

☼ Der Genitiv mit 's wird bei Personen sowie Orts- und Ländernamen verwendet.

His daughter's cat is called Roddy. *Die Katze seiner Tochter heißt Roddy.*
Where's the men's toilet (➡ AE: men's room)? *Wo ist die Herrentoilette?*
Who is Germany's top model? *Wer ist Deutschlands Topmodel?*

Bei Wörtern mit regelmäßigem Plural entfällt das Genitiv-s, der Apostroph bleibt erhalten. **A2**

The boys' room is downstairs. *Das Zimmer **der** Jungen ist unten.*
I'm looking for an English girls' magazine with information about pop singers and film stars. *Ich suche nach einem englischen Mädchenmagazin mit Informationen über Popsänger und Filmstars.*

37

Bei Wörtern und Namen auf **-s** kann das apostrophierte **'s** (nur das **-s**, nicht jedoch der Apostroph) entfallen oder angehängt werden.

We're meeting at my bos**s's** house. *Wir treffen uns im Haus meines Chefs.*
Harry is Siriu**s'** best friend. *Harry ist Sirius' bester Freund.*

Besonders im BE verwendet man bei Arztpraxen, Geschäften und Privatwohnungen den **s**-Genitiv und spart dadurch Bezugswörter wie **office** *Büro*, **shop** *Geschäft* oder **house** *Haus* aus:
I've got to go to the doctor**'s** (surgery) tomorrow. *Ich muss morgen zum Arzt (… zur Praxis des Arztes).*

➡ Im AE sowie im modernen gesprochenen BE fällt dieses apostrophierte **'s** immer öfter weg:
Mary's gone to the hairdresser. *Mary ist zum Frisör gegangen.*

ℹ Auch bei Wochentagen sowie bei Zeitangaben mit **today**, **yesterday** usw. wird in der Regel ein **'s** angehängt:
Monday's train was very late. *Der Montagszug hatte große Verspätung.*
The letter came by **today's** post. *Der Brief kam mit der heutigen Post.*

A2 **Der Genitiv mit of**

☀ Der Genitiv mit **of** gilt für Dinge und Sachverhalte.

What's the colour **of** your car? *Welche Farbe hat dein Auto?*
The birds are sitting on the roof **of** the house. *Die Vögel sitzen auf dem Dach des Hauses.*

Auch die Konstruktionen **of mine** *von mir*, **of yours** *von dir* usw. oder **of Mary's** *von Mary* werden mit dem of-Genitiv gebildet, da man den indirekten Artikel (▶ **1.2**) a nicht direkt vor das Possessivpronomen (▶ **5.2**) **my** *mein/e/r/s*, **your** *dein/e/r/s* usw. stellen darf:
The doctor is a friend **of mine**. *Der Arzt ist ein Freund von mir./ Der Arzt ist einer meiner Freunde.*
I met a friend **of my mother's** yesterday. *Gestern habe ich einen Freund/eine Freundin meiner Mutter getroffen.*

3 Das Adjektiv

The ideal husband should be friendly, interesting, and stay home at night.

If that's all you want, get a TV!

Der perfekte Ehemann sollte freundlich sein, interessant sein und abends zu Hause bleiben. – Wenn das alles ist, was Sie wollen, kaufen Sie sich 'nen Fernseher!

☀ Adjektive (wie good *gut*, expensive *teuer* oder sunny *sonnig*) sind Eigenschaftswörter zur Beschreibung von Personen oder Dingen. Man verwendet sie zur Charakterisierung von Substantiven (a **nice** girl *ein nettes Mädchen*) oder als selbstständiges Satzglied (the girl is **nice** *das Mädchen ist nett*).

Form und Stellung

Die Form der Adjektive ist im Englischen in allen Kasus sowie in Singular und Plural unveränderlich:

	Nominativ	Genitiv	Dativ	Akkusativ
Singular	the **nice** girl *das nette Mädchen*	of the **nice** girl *des netten Mädchens*	to the **nice** girl *dem netten Mädchen*	the **nice** girl *das nette Mädchen*
Plural	the **nice** girls *die netten Mädchen*	of the **nice** girls *der netten Mädchen*	to the **nice** girls *den netten Mädchen*	the **nice** girls *die netten Mädchen*

☀ Adjektive können wie im Deutschen vor Substantiven stehen (in ganz seltenen Ausnahmen auch dahinter, beispielsweise bei president elect *designierter Präsident*):
I met a **nice girl**. *Ich habe ein **nettes Mädchen** kennengelernt.*

Häufig stehen sie als Ergänzung zum Subjekt nach einer Form von
to be:
The girl next door **is nice.** *Das Mädchen von nebenan ist nett.*

Auch bei Kopulaverben (▷ **7**) wie to be *sein*, to get *werden*, to stay
bleiben, **A2** to become *werden*, to grow *werden*, to turn *werden*, **B1**
to seem *scheinen* und **B2** to remain *bleiben* steht in der Regel ein
Adjektiv (und kein Adverb ▷ **4**): Just **stay cool.** *Bleib ganz cool.*

Ebenso steht nach Verben, die eine Sinneswahrnehmung ausdrü-
cken, wie to look *aussehen*, **A2** to feel *sich fühlen*, to smell *riechen*,
B1 to sound *klingen* und to taste *schmecken*, meist ein Adjektiv:
I feel **good.** *Ich fühle mich gut.*
The dog smells **bad.** *Der Hund riecht schlecht.*

⚡ Drücken diese Verben jedoch eine Aktivität aus, muss ihnen ein
Adverb (▷ **4**) folgen, weil nicht das Subjekt, sondern die Tätigkeit
beschrieben wird:
Jane **is looking happily** at her new bicycle. *Jane schaut glücklich
ihr neues Fahrrad an.*

Auch Partizipien (▷ **21**) – Present participle und Past participle – wie
interesting *interessant* oder interested *interessiert* oder unregelmä-
ßige Formen wie hurt *verletzt* oder found *gefunden* lassen sich als
Adjektive verwenden:
We watched an **interesting** film. *Wir haben einen interessanten
Film gesehen.*
The film was **interesting.** *Der Film war interessant.*
But your friend didn't look very **interested.** *Aber dein Freund sah
nicht sehr interessiert aus.*

A1 3.1 **Die Steigerung**

Adjektive werden auf verschiedene Weise gesteigert:

- mit **-er** und **-est** – einsilbige Adjektive
  – zweisilbige Adjektive auf **-er**, **-le**, **-ow** und
    einige auf **-y**
- mit **more** und **most** – andere zwei- und mehrsilbige Adjektive
  – Adjektive auf **-ing** und **-ed**

Regelmäßige Steigerungsformen:

Grundform	Komparativ	Superlativ
cheap *billig*	cheap**er**	cheap**est**
big *groß, kräftig*	big**ger** Konsonantenverdoppelung	big**gest**
nice *nett*	nic**er** stummes -e entfällt	nic**est**
B1 clev**er** *schlau*	clever**er**	clever**est**
B1 simp**le** *einfach*	simp**ler** stummes -e entfällt	simp**lest**
A2 narr**ow** *eng*	narrow**er**	narrow**est**
bus**y** *beschäftigt*	busi**er** -**y** wird zu -**i**	busi**est**
careful *vorsichtig*	**more** careful	**most** careful
difficult *schwierig*	**more** difficult	**most** difficult
interest**ing** *interessant*	**more** interesting	**most** interesting
interest**ed** *interessiert*	**more** interested	**most** interested

Einige unregelmäßige Steigerungsformen:

Grundform	Komparativ	Superlativ
good *gut*	better	best
bad *schlecht*	worse	worst
A2 much *viel*	more	most
A2 many *viele*	more	most
A2 little *wenig*	less	least

3.2 Der Vergleich   A1

Vergleiche zwischen zwei oder mehreren Personen oder Dingen, für die man im Deutschen Phrasen wie *älter als* oder *so alt wie* verwendet, werden im Englischen mit folgenden Konstruktionen gebildet:

- Komparativ + **than**   Jim is **older than** Jack. *Jim ist **älter als** Jack.*
- **as ... as**   Jim is **as old as** Jack. *Jim ist **so alt wie** Jack.*
- **the** + Superlativ   Jim is **the oldest**. *Jim ist **der Älteste**.*

Bei negativen Vergleichen, z. B. *nicht älter als* oder *nicht so alt wie*, setzt man **not** *nicht* vor die jeweilige Konstruktion:
Jim is **not** older than Jack. *Jim ist **nicht** älter als Jack.*
Jim is **not** as old as Jack. *Jim ist **nicht** so alt wie Jack.*
Jim is **not** the oldest. *Jim ist **nicht** der Älteste.*

Möchte man den Namen der Vergleichsperson (im Beispiel: Jack) durch ein Personalpronomen ersetzen, kann man die formellere Variante **he is** (Subjektform + to be-Form – ➡ im förmlichen AE auch ohne die to be-Form) oder das umgangssprachlichere **him** (Objektform) verwenden:

Jim is older than **he is**.	*Jim ist älter als **er** (ist).*
Oder: Jim is older than **him**.	*Jim ist älter als **er**.*
Jim is as old as **he is**.	*Jim ist so alt wie **er** (ist).*
Oder: Jim is as old as **him**.	*Jim ist so alt wie **er**.*

Für die Phrase *je ... desto* verwendet man im Englischen **the** + Komparativ ... **the** + Komparativ:
The more you learn, **the better** your marks will be. *Je mehr du lernst, desto besser werden deine Noten sein.*
The **harder** he worked, the **less** time he had for his family. *Je mehr er arbeitete, desto weniger Zeit hatte er für seine Familie.*

3.3   Die Adjektivfolge vor Substantiven

Gelegentlich gebraucht man mehrere Adjektive, um eine Person oder ein Ding zu beschreiben. Möchte man zwei oder mehr Adjektive vor ein Substantiv platzieren, ist eine bestimmte Reihenfolge einzuhalten. Am Anfang steht das persönliche Urteil, dann folgen Beschreibungen; am Ende steht das Substantiv:
I met a **beautiful young Canadian** woman in the pub. *Ich habe eine schöne, junge Frau aus Kanada im Pub kennengelernt.*

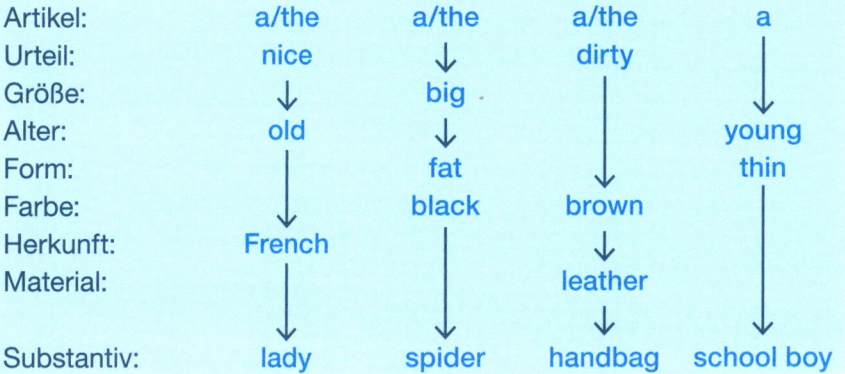

Artikel:	a/the	a/the	a/the	a
Urteil:	nice	↓	dirty		
Größe:	↓	big		
Alter:	old	↓		young
Form:		fat		thin
Farbe:		black	brown	
Herkunft:	French		↓	
Material:			leather	
	↓	↓	↓	↓
Substantiv:	lady	spider	handbag	school boy

Folgen zwei Adjektive derselben Kategorie aufeinander (z. B. Farben), verbindet man sie meist mit and *und*: a big red **and** yellow car *ein großes, rot-gelbes Auto.*

Zahlwörter stellt man ganz an den Anfang: two beautiful(,) white(,) Italian dresses *zwei schöne weiße italienische Kleider.*

3.4 Das substantivierte Adjektiv A1

⚡ Im Gegensatz zum Deutschen lassen sich aus englischen Adjektiven nur eingeschränkt Substantive bilden. In der Regel geht dies nur, wenn man von Gruppen von Menschen spricht (the beautiful *die Schönen*, the disabled *die Behinderten*) sowie bei einer Reihe von Nationalitäten (the English *die Engländer*, the French *die Franzosen*). Substantivierte Adjektive hängen kein Plural-s an:
Many people think that Beverly Hills is a place only for the B2 rich. *Viele Menschen denken, dass Beverly Hills ein Ort nur für Reiche sei.*

Spricht man von Einzelpersonen, fügt man Bezeichnungen wie man *Mann*, woman *Frau*, girl *Mädchen*, boy *Junge* usw. hinzu:
I met a really rich **woman** yesterday. *Gestern habe ich eine wirklich reiche **Frau**/eine Reiche kennengelernt.*
The disabled **man** asked me to help him get on the bus. *Der Behinderte bat mich, ihm in den Bus zu helfen.*

Einige wenige abstrakte Begriffe wie the unexpected *das Unerwartete* oder the unknown *das Unbekannte* lassen sich jedoch wie im Deutschen als Substantive verwenden. B1

Manche substantivierte Adjektive sind zu „echten" Substantiven geworden, die ein Plural-s am Ende haben können. Zu dieser Gruppe gehören z. B. Farben, wenn sie für Menschen gebraucht werden, einige Nationalitäten und ein paar Gruppenbezeichnungen:

the blacks *die Schwarzen*   the Germans *die Deutschen*
the alcoholics *die Alkoholiker*   the Italians *die Italiener*

A1   3.5   **Das Stützwort one**

Möchte man bei einer Wiederholung ein hinter dem Adjektiv stehendes Substantiv nicht noch einmal erwähnen, so kann das Adjektiv nicht wie im Deutschen allein stehen, sondern muss das Stützwort one oder ones als Ersatz für das ausgelassene Substantiv nach sich führen:

> für zählbare Begriffe im Singular → one
> für zählbare Begriffe im Plural → ones

This shirt is wet. Have you got a dry **one**? *Dieses Hemd ist nass. Hast du ein trockenes?*
Which books did you sell? The old (**ones**) or the new **ones**? *Welche Bücher hast du verkauft? Die alten oder die neuen?*
Look at those beautiful houses over there. – Which **ones**? The **ones on the left** or the **ones on the right**? *Schau dir diese wunderschönen Häuser dort drüben an. – Welche? Die links oder die rechts?*
Tritt das Stützwort in einem Satz doppelt auf, so kann eine Nennung von one(s) entfallen.

ⓘ Das Stützwort one folgt auch häufig dem bestimmten Artikel (▷ ❶) sowie den Demonstrativpronomen this *dies/e/es* und these *jene/r/s* (▷ ❺):
Can I have the green pen, please? – **This one**? *Kann ich bitte den grünen Stift haben? – Diesen hier?*
Could I have a look at those shoes, please? – These **ones**? *Könnte ich mir bitte diese Schuhe ansehen? – Diese?*

4 Das Adverb

A2

She works hard
while he hardly
works at all.

*Sie arbeitet hart,
während er kaum
arbeitet.*

💡 Adverbien wie **carefully** *vorsichtig* oder **seriously** *ernst* dienen zur Beschreibung von Tätigkeiten von Personen oder Dingen.

Dadurch unterscheiden sie sich von den Adjektiven (▷ ❸), die Personen oder Dinge selbst charakterisieren und nicht ihre Handlungen:

Adjektiv: She's a **careful** driver. *Sie ist eine **vorsichtige** Fahrerin.*
Adverb: She always drives **carefully**. *Sie fährt immer **vorsichtig**.*

Mit Adverbien lassen sich aber auch Adjektive, andere Adverbien oder ganze Sätze näher kennzeichnen und beschreiben:

Adverb → Adjektiv: She is a **really careful** driver.
                    *Sie ist eine **äußerst vorsichtige** Fahrerin.*

Adverb → Adverb: She always drives **really carefully**.
                    *Sie fährt immer **äußerst vorsichtig**.*

Adverb → Satz: **Fortunately,** she's a careful driver.
                    Zum Glück ist sie eine vorsichtige Fahrerin.

Form und Gebrauch
💡 Adverbien werden durch Anhängen der Endung **-ly** aus Adjektiven gebildet. Dabei sind einige Besonderheiten zu beachten:

49

Adjektiv	Adverb	
full *voll*	ful**ly**	ein **-l** entfällt
easy *leicht*	eas**ily**	auslautendes **-y** wird zu **-i**
comfortable *bequem*	comfortab**ly**	stummes **-e** fällt häufig weg
electrical *elektrisch*	electr**ically**	**-ic** und **-ical** werden meist zu **-ically**

◑ Ausnahme: Das Adverb zu **good** *gut* heißt **well**:
You played well today. *Du hast heute gut gespielt.*

⚡ Es gibt eine Reihe von Adverbien, die von der Form her wie Adjektive aussehen: Sie hängen kein **-ly** an und sind von den Adjektiven nur durch ihren Bezug auf ein Verb zu unterscheiden. Zu dieser Gruppe gehören u. a.:

deep *tief*	**far** *weit*	**fast** *schnell*	**high** *hoch*
late *spät*	**long** *lang*	**low** *tief*	**straight** *gerade*
near *nah, in der Nähe*		**hard** *hart, schwer*	

Adjektiv → Bezug auf Subjekt:	**She's a fast driver.**
	Sie ist eine schnelle Fahrerin.
Adverb → Bezug auf Verb:	**She always drives fast.**
	Sie fährt immer schnell.

B1 Einige Adverbien aus dieser Gruppe können jedoch auch mit der Endung **-ly** verwendet werden, sie haben dann aber häufig eine andere Bedeutung:

hard *hart, schwer*	aber: **hardly** *kaum*
late *spät*	aber: **lately** *in letzter Zeit, vor Kurzem*

Einige häufig verwendete Doppelformen:

Adjektiv	Adverb ohne -ly	Adverb mit -ly
deep *tief*	**deep** *tief*	**deeply** *sehr*
He looked into a deep valley. *Er schaute in ein tiefes Tal.*	He wandered deep into the forest. *Er wanderte tief in den Wald.*	They loved each other deeply. *Sie liebten sich sehr.*
direct *direkt*	**direct** *direkt*	**directly** *gerade, direkt*
Take the direct train. *Nimm den direkten Zug.*	You can go direct. *Man kann direkt fahren.*	He saw her directly ahead. *Er sah sie direkt vor sich.*

Adjektiv	Adverb ohne -ly	Adverb mit -ly
fair *fair* It was a fair game. *Es war ein faires Spiel.*	**fair** *fair* They played fair. *Sie spielten fair.*	**fairly** *ziemlich* He arrived fairly early. *Er kam ziemlich früh an.*
hard *hart, viel* It was hard work. *Es war harte Arbeit.*	**hard** *hart, viel* They worked hard. *Sie arbeiteten hart.*	**B1 hardly** *kaum* They hardly worked at all. *Sie arbeiteten kaum.*
late *(zu) spät* The train was late. *Der Zug war spät.*	**late** *(zu) spät* The train arrived late. *Der Zug kam spät an.*	**B1 lately** *vor Kurzem* I saw her lately. *Ich habe* *sie vor Kurzem gesehen.*
most *die meisten* Most men like football. *Die meisten Männer* *mögen Fußball.*	**most** *am meisten* Who do you like most? *Wen magst du am* *liebsten?*	**B2 mostly** *meistens* I mostly drive to work. *Ich fahre meistens mit* *dem Wagen zur Arbeit.*
short *kurz* The play was short. *Das Spiel war kurz.*	**short** *kurz* She cut her hair short. *Sie hat sich die Haare* *kurz geschnitten.*	**B2 shortly** *in Kürze* They'll arrive shortly. *Sie werden in Kürze* *ankommen.*

⚡ Vorsicht ist geboten bei Adjektiven, die wie Adverbien aussehen (d. h. auf **-ly** enden). Hierzu zählen vor allem die Zeitangaben **early** *früh*, **daily** *täglich*, **weekly** *wöchentlich*, **monthly** *monatlich* usw. Sie können sowohl als Adjektiv wie auch als Adverb verwendet werden:

Adjektiv: He reads the **weekly** paper.
　　　　　 Er liest die Wochenzeitung (= wöchentliche Zeitung).
Adverb: He reads the paper **weekly**.
　　　　　 *Er liest die Zeitung **wöchentlich**.*

Einige andere Adjektive, die wie Adverbien aussehen, können nicht als Adverb verwendet werden:

friendly *freundlich*　　**lonely** *einsam*　　**lovely** *herrlich*
B1 silly *dumm*　　**ugly** *hässlich*　　**B2 cowardly** *feige*
B2 costly *teuer*　　**B2 deadly** *tödlich*　　**B1 likely** *wahrscheinlich*
B1 unlikely *unwahrscheinlich*

In adverbialer Funktion erfordern sie eine Umschreibung:

> She smiled at him **in a friendly way.** *Sie lächelte ihn freundlich an.*
> She gave him **a friendly smile.** *Sie lächelte ihn freundlich an.*
> *(= Sie schenkte ihm* **ein freundliches Lächeln.***)*

Wie im Kapitel Adjektive (▷ ❸) beschrieben, steht nach einem Verb der Sinneswahrnehmung (to look *aussehen*, to taste *schmecken*, to smell *riechen* usw.) normalerweise ein Adjektiv. Eine Ausnahme wird dann gemacht, wenn das Verb eine Aktivität ausdrückt. In diesem Fall muss ein Adverb folgen, weil nicht das Subjekt, sondern die Tätigkeit beschrieben wird:

The cat is tasting its food **carefully.** *Die Katze probiert **vorsichtig** ihr Fressen.*

A2 **4.1 Die Steigerung**

Adverbien werden wie folgt gesteigert:

> mit **-er** und **-est** – einsilbige Grundformen
> – einige wenige zweisilbige wie early *früh* und heavy *schwer*
> mit **more** und **most** – mehrsilbige Grundformen
> – Formen auf **-ly**

Regelmäßige Steigerungsformen:

Grundform	Komparativ	Superlativ
deep *tief*	deep**er**	deep**est**
late *spät*	lat**er** stummes -e entfällt	lat**est**
early *früh*	earl**ier** auslautendes -y zu -i	earl**iest**
often *oft*	**more** often	**most** often
slowly *langsam*	**more** slowly	**most** slowly
terribly *schrecklich*	**more** terribly	**most** terribly

⚡ Einige unregelmäßige Steigerungsformen:

Grundform	Komparativ	Superlativ
badly *schlecht*	worse	worst
far *weit*	farther, further	farthest, furthest
little *wenig*	less	least
much *sehr, viel*	more	most
well *gut*	better	best

4.2 Der Vergleich A2

Vergleiche zwischen zwei Handlungen, für die man in deutschen Phrasen wie *vorsichtiger als* oder *so vorsichtig wie* verwendet, werden im Englischen mit folgenden Konstruktionen gebildet:

- Komparativ + than
  - Jill drives **more carefully than** Jane.
  - *Jill fährt **vorsichtiger** als Jane.*
  - Jill drives **faster than** Jane.
  - *Jill fährt **schneller** als Jane.*

- as ... as
  - Jill drives **as** carefully **as** Jane.
  - *Jill fährt **genauso** vorsichtig **wie** Jane.*
  - Jill drives **as** fast **as** Jane.
  - *Jill fährt **genauso** schnell **wie** Jane.*

- Superlativ
  - Jill drives **most carefully.**
  - *Jill fährt **am vorsichtigsten.***
  - Jill drives **fastest.**
  - *Jill fährt **am schnellsten.***

Bei negativen Vergleichen (*nicht vorsichtiger als* oder *nicht so vorsichtig wie*) negiert man mit do/does/did not:
Jill **does not** drive more carefully than Jane. *Jill fährt nicht vorsichtiger als Jane.*
Jill **does not** drive as carefully as Jane. *Jill fährt nicht so vorsichtig wie Jane.*
Jill **does not** drive most carefully. *Jill fährt nicht am vorsichtigsten.*

Möchte man den Namen der Vergleichsperson durch ein Personal-
pronomen ersetzen, kann man entweder die Subjektform + to do-
Form oder die Objektform – im folgenden Beispiel she does bzw. her
– verwenden (➡ im förmlichen AE auch ohne die to do-Form):

> Jane drives more carefully than **she** (= Jill) **does.**
> Oder: Jane drives more carefully than **her.**
> *Jane fährt vorsichtiger als sie.*
> Jane drives as carefully as **she** (=Jill) **does.**
> Oder: Jane drives as carefully as **her.**
> *Jane fährt so vorsichtig wie sie.*

A2 **Adverbiale Bestimmungen**

Neben den häufig verwendeten einfachen Adverbien der Art und
Weise sowie des Ortes, der Zeit und Häufigkeit gibt es auch adverbi-
ale Bestimmungen, die aus mehreren Wörtern bestehen, wie z. B.:

in the house *im Haus*   once a week *einmal pro Woche*

She goes jogging **once a week**. *Sie geht einmal pro Woche joggen.*

They met **in Judy's flat** to play Bridge. *Sie haben sich in Judys
Wohnung getroffen, um Bridge zu spielen.*

At that time they didn't know anymore where they were. They
were lost. *Zu diesem Zeitpunkt wussten sie nicht mehr, wo sie
waren. Sie hatten sich verlaufen.*

Later that day they left her flat **on Mulberry Road** to drive **along
the highway south of Carlton Beach** to a small restaurant **in
Coraltown.** *Später an diesem Tag verließen sie ihre Wohnung in
der Mulberry Road und fuhren den Highway südlich von Carlton
Beach entlang zu einem kleinen Restaurant in Coraltown.*

Informationen über die unterschiedliche Platzierung der verschiedenen
Adverbien und adverbialen Bestimmungen im Satzgefüge (▷ **17**).

5 Das Pronomen A1

My husband is an angel.

Really? Mine's still alive.

Mein Mann ist ein Engel. – Wirklich? Meiner lebt noch.

Folgende Pronomen werden hier und in den angegebenen Kapiteln besprochen:
• Personalpronomen
• Possessivpronomen
• Reflexivpronomen
• Reziproke Pronomen
• Demonstrativpronomen
• Interrogativpronomen (▷ 14)
• Relativpronomen (▷ 20)

5.1   Das Personalpronomen A1

Das Personalpronomen als Subjekt A1

☼ Personalpronomen stehen stellvertretend für Substantive, die man nicht wiederholen möchte. Diese Substantive können Personen, Dinge oder Abstrakta sein.
Das Subjekt eines Satzes ist die Person oder Sache, die eine Handlung begeht oder über die eine Aussage gemacht wird.
Man fragt wer? oder was?, um das Subjekt des Satzes zu finden:
Wer spielt im Garten? Oder: Was steht auf dem Tisch?
Frage: **Wer** spielt im Garten? – Antwort: **Die Kinder** spielen im Garten.
Frage: **Was** steht auf dem Tisch? – Antwort: **Der Teller** steht auf dem Tisch.
Das Subjekt des Satzes steht im Nominativ.

Formen

Folgende Personalpronomen kommen als Subjekt des Satzes vor:

Singular		
I	ich	**I** am tired. *Ich bin müde.*
you	du	**You** are tired. *Du bist müde.*
he	er	**He** is tired. *Er ist müde.*
she	sie	**She** is tired. *Sie ist müde.*
it	es	**It** is tired. *Es ist müde.*

Plural		
we	wir	**We** are tired. *Wir sind müde.*
you	ihr (Sie)	**You** are tired. *Ihr seid/Sie sind müde.*
they	sie	**They** are tired. *Sie sind müde.*

❶ **You** tritt doppelt auf: *ihr* (im Plural) und *du* (im Singular). Da die alte Du-Form (**thou** [ðaʊ]) nicht mehr benutzt wird, verwendet man **you** auch für die Singularform *du*. ➡ Um *du* von *ihr* zu unterscheiden, sagen Amerikaner in der Umgangssprache häufig **you guys**, wenn sie *ihr* meinen, auch wenn es sich um eine weibliche Gruppe handelt. Darüber hinaus macht man sprachlich keinen Unterschied zwischen *du* und der Höflichkeitsform *Sie*. **You** hat daher vier Bedeutungen: *du, ihr* (Plural) und *Sie* (Höflichkeit: Singular und Plural).
Do you go jogging every day? lässt sich auf vierfache Art übersetzen:
Gehst du jeden Tag joggen?   Gehen Sie (Singular) jeden Tag joggen?
Geht ihr jeden Tag joggen?   Gehen Sie (Plural) jeden Tag joggen?

Gebrauch

It kann im Deutschen mit *es, er* oder *sie* wiedergegeben werden:
It (the dog) is 5 years old. *Er ist 5 Jahre alt.*
It (the cat) is 5 years old. *Sie ist 5 Jahre alt.*
It (the horse) is 5 years old. *Es ist 5 Jahre alt.*

Dasselbe **it** *es* wird verwendet, wenn man von abstrakten Begriffen spricht und sie mit einem Pronomen ersetzen möchte:
Did you hear that noise last night? It made me really nervous. *Hast du letzte Nacht den Lärm gehört? Es/Er machte mich ganz nervös.*

Wie im Deutschen wird it *es* in einigen Situationen als „leeres" Subjekt oder Subjekt-Platzhalter verwendet. Das ist vor allem bei Angaben zur Temperatur, zur Uhrzeit und – im Unterschied zum Deutschen – zur Personenidentifikation am Telefon der Fall:

It is 8 o'clock. *Es ist 8 Uhr.*

Last week it rained a lot. *Letzte Woche hat **es** viel geregnet.*

Hello. It's Andrew. *Hallo. Hier ist Andrew („Es ist Andrew [der spricht].").*

Als unpersönlicher Ausdruck am Satzanfang wird it als **it is ...** *es ist ...* oder **it was ...** *es war ...* verwendet:

It's nice to be here. *Es ist schön, hier zu sein.*

It was wonderful that you thought of me. *Es war wunderbar, dass du an mich gedacht hast.*

❶ Das Personalpronomen in der Subjektform kommt im Unterschied zum Deutschen nur noch selten alleinstehend vor. Bei einer Nachfrage (*Wer, ich?*) oder bei Antworten direkt nach **to be** (*Nein, das war ich nicht.*) verwendet man im modernen Englisch stattdessen die Objektform:

Could you come here, please? – Who, me? *Könntest du/Könnten Sie bitte herkommen? – Wer, ich?*

Who finished my milk? – It was him. *Wer hat meine Milch getrunken? – Er war es.*

Folgt das Personalpronomen dem Ausdruck **it is/was ...** *es ist/war ...*, besteht die Möglichkeit, es in der Subjektform (förmlich) oder in der Objektform (umgangssprachlich) zu verwenden, wobei I immer mit **who** steht:

• Subjektform: **It was I who** stole the bicycle.
Ich war es, der das Fahrrad gestohlen hat.
• Objektform: **It was me who/that** stole the bicycle.
Ich war es, der das Fahrrad gestohlen hat.

❶ Möchte man beide Formen vermeiden, kann man auch folgende Umschreibung gebrauchen:

I was **the person who** / I was **the one who** stole the bicycle. *Ich war derjenige, der das Fahrrad gestohlen hat.*

A1 **Das Personalpronomen als Objekt**

Nach dem Objekt eines Satzes fragt man mit wem? = Dativ (indirektes Objekt): *Wem hast du den Ball gegeben?* oder wen?/was? = Akkusativ (direktes Objekt): *Wen/Was hast du im Garten gesehen?*

Als Objekt des Satzes hat das Englische folgende Personalpronomen:

	Dativ und Akkusativ	Dativ/Akkusativ
Singular	me	*mir/mich*
	you	*dir/dich*
	him	*ihm/ihn*
	her	*ihr/sie*
	it	*ihm/es*
Plural	us	*uns/uns*
	you	*euch, Ihnen/euch, Sie*
	them	*ihnen/sie*

A1 • Personalpronomen im Dativ (indirektes Objekt):

He gave **me** the book.	*Er gab **mir** das Buch.*
He gave **you** the book.	*Er gab **dir/euch/Ihnen** das Buch.*
He gave **him/her** the book.	*Er gab **ihm/ihr** das Buch.*
He gave **us** the book.	*Er gab **uns** das Buch.*
He gave **them** the book.	*Er gab **ihnen** das Buch.*

⚡ Bei vielen häufig verwendeten Verben steht das Dativpronomen direkt hinter dem Hauptverb des Satzes (= Prädikat). Das gilt u. a. für folgende Verben:

to bring *bringen*	to buy *kaufen*	to cook *kochen*
to find *finden*	to get *holen*	to give *geben*
to lend *leihen*	to make *machen*	to sell *verkaufen*
to send *schicken*	to tell *sagen*	to pay *zahlen*
to save *sparen*	to pass *herüberreichen*	to show *zeigen*
to offer *anbieten*	to promise *versprechen*	to owe *schulden*
to read *vorlesen*	to teach *unterrichten*	to play *spielen*
to build *bauen*	to leave *hinterlassen*	to sing *vorsingen*
to wish *wünschen*		

She wrote **me** an e-mail. *Sie hat mir eine E-Mail geschrieben.*
They showed **us** their new garage. *Sie zeigten uns ihre neue Garage.*

Bei anderen Verben wie to carry *tragen*, to explain *erklären* oder to open *öffnen* setzt man jedoch beim Dativ ein for oder to zwischen Prädikat und Pronomen:
He explained the new machine **to me**. *Er erklärte mir die neue Maschine.*
She opened the door **for me**. *Sie öffnete mir die Tür.*

Bei einigen der oben genannten Beispiele kann man beide Varianten verwenden:

> She bought **him** a book.
Oder: > She bought a book **for** him. *Sie kaufte ihm ein Buch.*
> I sent **you** an email.
Oder: > I sent an email **to** you. *Ich habe dir eine E-Mail geschickt.*

• Personalpronomem im Akkusativ (direktes Objekt): **A1**

She met **me** at the church.	*Sie traf mich an der Kirche.*
She met **you** at the church.	*Sie traf dich/euch/Sie an der Kirche.*
She met **him/her/it** at the church.	*Sie traf ihn/sie/es an der Kirche.*
She met **us** at the church.	*Sie traf uns an der Kirche.*
She met **them** at the church.	*Sie traf sie an der Kirche.*

Stellung der Personalpronomen
Das Akkusativpronomen steht wie im Deutschen direkt hinter dem Prädikat.

⚡ Folgen zwei Pronomen auf ein Prädikat, verwendet man häufig vor dem Dativpronomen to oder for, um das direkte Aufeinandertreffen der beiden Pronomen zu vermeiden:

She gave it **to him**. *Sie gab es ihm.*
He bought it **for her**. *Er kaufte es ihr.*

Subjekt + Prädikat + Akkusativpronomen + to/for + Dativpronomen

Will man das Dativpronomen dennoch ohne **to** oder **for** verwenden und beide Pronomen hintereinander folgen lassen, so steht der Dativ – anders als im Deutschen – vor dem Akkusativ:

She gave **him** it. *Sie gab es ihm.*
He bought **her** it. *Er kaufte es ihr.*

Subjekt + Prädikat + Dativpronomen + Akkusativpronomen

Stehen hinter dem Prädikat zwei Objekte, aber nur eines als Pronomen, kann das Dativpronomen einigen Verben (ohne **to** oder **for**) direkt folgen und steht vor dem Akkusativobjekt:

I gave **her** the T-shirt. *Ich gab ihr das T-Shirt.*

Subjekt + Prädikat + Dativpronomen + Akkusativobjekt

Wird in diesen Fällen allerdings die Konstruktion mit **to** oder **for** verwendet, muss das Dativpronomen hinter dem Akkusativobjekt stehen:

I gave the T-shirt **to her**. *Ich gab ihr das T-Shirt.*

Subjekt + Prädikat + Akkusativobjekt + **to/for** + Dativpronomen

Zusammenfassend ist festzuhalten, dass der Dativ nur dann vor dem Akkusativ steht, wenn er als Pronomen (ohne begleitende Präpositionen **to/for**) oder ähnlich dem direkten Akkusativobjekt angeschlossen wird:
I gave **her** the T-shirt. *Ich gab ihr das T-Shirt.*
I gave **my daughter** the T-shirt. *Ich gab meiner Tochter das T-Shirt.*

In der Konstruktion mit **to** oder **for** steht der Dativ hinter dem Akkusativ, unabhängig davon, ob er in Form eines Pronomens oder als Substantiv auftritt:
They sold the red car **to him**. *Sie verkauften ihm das rote Auto.*
Oder: They sold it **to a friend**. *Sie verkauften es einem Freund.*

5.2   Das Possessivpronomen   A1

☀ Mit Possessivpronomen bringt man Besitzverhältnisse zum Ausdruck. Sie stehen wie Artikel vor den Substantiven und werden deshalb auch als Possessivbegleiter bezeichnet.

Das verbundene Possessivpronomen   A1

Singular:	my	*mein/meine*	Plural:	our	*unser/unsere*
	your	*dein/deine*		your	*euer/eure; Ihr/Ihre*
	his	*sein/seine*		their	*ihr/ihre*
	her	*ihr/ihre*			
	its	*sein/seine*			

☀ Possessivpronomen haben eine gleichbleibende Form, unabhängig von Genus, Numerus und Kasus des Substantivs, das sie begleiten. Sie sind unveränderlich:
He wrote the letter with **my** pen. *Er hat den Brief mit **meinem** Füller geschrieben.*

Tritt ein beschreibendes Adjektiv zu einem Substantiv hinzu, steht es wie im Deutschen zwischen Possessivpronomen und Substantiv:
He didn't write the letter with **my blue** pen but with the green one. *Er hat den Brief nicht mit **meinem blauen** Füller, sondern mit dem grünen geschrieben.*

Möchte man das Besitzverhältnis durch own *eigen/e/r* besonders betonen, fügt man es zwischen Pronomen und Substantiv bzw. zwischen Pronomen und Adjektiv ein. Anders als das deutsche *eigen/e/r* ist own unveränderlich:
Shouldn't he use **his own green** pen? *Sollte er nicht **seinen eigenen grünen** Füller nehmen?*

⚡ Own kann nicht direkt hinter dem unbestimmten Artikel (▷ ❶) a *ein/eine* stehen, sondern muss mit of her/his/their/its own umschrieben werden:
She's got **a** house **of her own.** *Sie hat **ein eigenes** Haus.*
The kids have **a** room **of their own.** *Die Kinder haben **ein eigenes** Zimmer.*

A1 **Das alleinstehende Possessivpronomen**

☀ Alleinstehende Possessivpronomen stehen als Ersatz für ein vorangegangenes Substantiv:

Is this your shirt? – Yes, it's **mine**. *Ist das dein Hemd? – Ja, es ist meins.*

Is this Paula's car? – Yes, it's **hers**. *Ist das Paulas Auto? – Ja, es ist ihres.*

Is that Mary's and Greg's house over there? – Yes, that's **theirs**. *Ist das Marys und Gregs Hause da drüben. – Ja, das ist ihres.*

Mit Ausnahme der Pronomen für die 1. Person Singular und die 3. Person Singular maskulin – **mine** und **his** – werden die alleinstehenden Possessivpronomen gebildet, indem man ein **-s** an das verbundene Possessivpronomen anhängt:

Singular:	mine	*mein/meine/meiner/meines/meinem/meinen*
	yours	*dein/deine usw.*
	his	*sein/seine usw.*
	hers	*ihr/ihre usw.*
	its	*sein/seine; ihr/ihre usw.*
Plural:	ours	*uns(e)res usw.*
	yours	*eu(e)res usw.; Ihr(e)s usw.*
	theirs	*ihr(e)s usw.*

Did you take his pencil or **hers**? *Hast du seinen Stift oder ihren genommen?*

Is this your car or **theirs**? *Ist das euer Auto oder ihres? (z. B. das der Nachbarn)*

We're going to London on different trains. **Yours** is at 8 am, **mine** is at 8.30. *Wir fahren mit verschiedenen Zügen nach London. Deiner geht um 8 Uhr, meiner um 8:30.*

Das alleinstehende Possessivpronomen kann nicht hinter dem unbestimmten Artikel (▶ ❶) a *ein, eine* stehen. Stattdessen muss man of mine/hers/yours usw. verwenden:

I want you to meet **a** friend **of mine**. *Ich möchte, dass du einen Freund/eine Freundin von mir kennenlernst.*

Is she **a** cousin **of yours**? *Ist sie eine Kusine von dir?*

5.3 Das Reflexivpronomen ⒶA1

☀ Reflexivpronomen sind Pronomen, mit denen man eine Handlung auf sich selbst beziehen kann. Sie treten in Verbindung mit reflexiven Verben auf.

Die Reflexivpronomen unterscheidet man immer nach Person und Numerus. Anders als im Deutschen geschieht dies auch in der 3. Person Singular. Im Singular hängen sie die Endung **-self** *sich/sich selbst* und im Plural **-selves** an:

Singular:	my**self**	*mir/mich (selbst)*
	your**self**	*dir/dich (selbst)*
	him**self**	*sich (selbst)*
	her**self**	*sich (selbst)*
	it**self**	*sich (selbst)*
Plural:	our**selves**	*uns (selbst)*
	your**selves**	*euch (selbst); sich (selbst)*
	them**selves**	*sich (selbst)*

I told her **myself.** *Ich habe es ihr selbst gesagt.*
Did you hurt **yourself**? *Hast du dir wehgetan?*
The bird ⒷB2 hid **itself** behind a bush. *Der Vogel versteckte sich hinter einem Busch.*
She looked at **herself** in the mirror. *Sie sah sich im Spiegel an.*
We built the house **ourselves**. *Wir haben das Haus selbst gebaut.*
Sorry, you'll have to pay **yourselves**. *Tut mir leid, ihr müsst selbst zahlen.*
They bought it only for **themselves**. *Sie haben es nur für sich selbst gekauft.*

Die Wendung **by oneself, by myself, by yourself** usw. bedeutet *selbst* (ohne Hilfe):
Do you want me to help you repair your bike? – No thanks, I can do it **(by) myself.**
Soll ich dir beim Reparieren deines Fahrrads helfen? – Nein, danke. Ich kann das selbst (machen).

⚡ Nicht alle Verben, die im Deutschen reflexiv sind, sind das auch im Englischen (und umgekehrt). Es gibt eine ganze Reihe von Verben, die im Deutschen reflexiv sind, im Englischen aber nicht. Einige davon sind:

A1	A2	B1
to change *sich umziehen*	to get ready *sich fertig machen*	to afford *sich leisten (können)*
to get dressed/to dress *sich anziehen*	to be glad *sich freuen*	to apologize *sich entschuldigen*
to meet *sich treffen*	to happen *sich ereignen*	to apply *sich bewerben*
to remember *sich erinnern*	to move *sich bewegen*	to argue *sich streiten*
to sit *sich setzen*	to shave *sich rasieren*	to fall in love *sich verlieben*
to cut *sich schneiden*	to turn *sich drehen*	to recover *sich erholen*
to wash *sich waschen*	to wish *sich wünschen*	to wonder *sich fragen*

A1

5.4   Das reziproke Pronomen

⚡ Die reziproken Pronomen werden im Deutschen leicht mit den reflexiven verwechselt. Der Satz *Sie schauten sich an* ist doppeldeutig, weil man nicht weiß, ob sie sich selbst oder sich gegenseitig anschauen. Im Englischen wird in diesem Fall klar unterschieden: Schauen sie sich selbst an, verwendet man das Reflexivpronomen themselves *sich selbst*. Schauen sie sich gegenseitig an, verwendet man die Phrasen each other oder one another.

They looked at **themselves**. *Sie schauten **sich selbst** an. (z. B. in einem Spiegel)*
They looked at **each other/one another**. *Sie schauten **sich gegenseitig** an.*

5.5 Das Demonstrativpronomen A1

☼ Demonstrativpronomen können wie Artikel vor ein Substantiv gesetzt oder alleinstehend verwendet werden. Man benutzt sie, um auf Personen oder Dinge hinzuweisen und unterscheidet damit, ob diese nah oder fern der eigenen Position sind.

Singular	Plural	
this *diese/r/s*	these *diese/r/s*	für Näherliegendes
that *jene/r/s*	those *jene/r/s*	für Fernerliegendes

This is my brother. *Das (hier) ist mein Bruder.*
Is **this** your car? *Ist das (hier) Ihr Auto?*
These are my CDs, not yours. *Das/Diese (hier) sind meine CDs, nicht deine.*
Did you meet **that** woman you told me about? *Hast du dich mit der/jener Frau getroffen, von der du mir erzählt hast?*
Can I have one of **those**? *Kann ich einen von denen/jenen dort haben?*

Alleinstehend verweisen sie in der Regel nur auf Dinge:
This is beautiful. *Das (hier) ist wunderschön.*
I B1 hate **that**. *Ich hasse das.*
This tastes much better than **that**. *Das hier schmeckt viel besser als das da.*

Man verwendet this und these auch im Zusammenhang mit Ereignissen, die gerade beginnen oder bereits begonnen haben; that und those hingegen für solche, die gerade beendet wurden:
Pete, listen to **this** song. I'm sure you'll like it. *Pete, hör' dir diesen Song an. Ich bin mir sicher, du wirst ihn mögen.*
You were right. **That** was nice. Who is it by? *Du hattest recht. Das war schön. Von wem ist er?*

Vor allem im gesprochenen Englisch verwendet man this und that gern in Verbindung mit Adjektiven im Sinne eines betonten *so*:
Is it always **this** cold in March? *Ist es immer so kalt im März?*
I didn't know the trip would be **that** expensive. *Ich wusste nicht, dass der Trip so teuer sein würde.*

Ebenso benutzt man in der gesprochenen Sprache this ohne die hinweisende Bedeutung, vor allem, wenn etwas berichtet wird:
And then I met **this** girl. She had brown hair and green eyes. *Und dann habe ich* **dieses** *Mädchen kennengelernt. Sie hatte braune Haare und grüne Augen.*

⚡ Demonstrativpronomen werden häufig auch in Verbindung mit Zeitangaben verwendet. Der Begriff *heute* in *heute Morgen* wird ebenso wie *in diesem Monat/Jahr* mit this wiedergegeben. This weekend heißt *am kommenden* oder *dieses Wochenende* und these days bedeutet *heutzutage* oder *im Moment*:
I met her **this** morning. *Ich habe sie* **heute** *Morgen getroffen.*
Let's go to Spain **this** year. *Lasst uns* **dieses** *Jahr nach Spanien fahren.*
Can we go to Brighton **this** weekend? *Können wir* **dieses** *Wochenende nach Brighton fahren?*
I don't go out much **these days**. *Ich gehe* **im Moment** *nicht häufig aus.*

Meldet man sich am Telefon, geschieht dies neben dem oben erwähnten it is ... auch mit this is ..., was dem Deutschen *hier ist ....* entspricht. Fragt man nach jemandem, benutzt man Is that ...?
Hello, **this is** Robert speaking. *Hallo,* **hier ist** *Robert.*
Is that Pauline? *Ist da Pauline?*

6 Mengenangaben

> May I have some sausages, please?

> I'm sorry, there aren't any left.

Kann ich bitte ein paar Würstchen haben? – Tut mir leid, es sind keine mehr da.

Zu den Mengenangaben, die auch als Indefinitpronomen oder unbestimmte Zahlwörter bezeichnet werden, gehören Wortpaare wie some/any, much/many, each/every, little/few usw.

Some/any

A1

💡 Die häufig vorkommenden Wörter some und any sind unbestimmte Mengenangaben und werden entweder mit *etwas*, *einige* oder *irgend-welche* wiedergegeben oder bleiben unübersetzt. Man verwendet sie für zählbare und unzählbare Dinge im Plural. Sie stehen vor allem vor Substantiven, können aber auch alleine vorkommen.

Some steht:
- in positiven Sätzen.
- in Fragen, auf die eine positive Antwort erwartet wird.
- in höflichen Fragen, die mit could, would oder may beginnen.
- in der Bedeutung *einige, ein paar, etwas*.

Some people don't know what's good for them. *Manche Leute wissen nicht, was gut für sie ist.*
Would you like **some** tea? *Möchten Sie (etwas) Tee?*
Did you eat the biscuits? – I ate **some**, but not all. *Hast du die Plätzchen gegessen? – Ich habe ein paar gegessen, aber nicht alle.*
I went shopping this morning but I forgot to buy **some** bread. *Ich war heute Morgen einkaufen, habe aber vergessen, Brot zu kaufen.*

Any steht:
- in negativen Sätzen oder Sätzen mit negativer Bedeutung.
- in neutralen Fragen.
- in if-Sätzen mit negativer oder unbestimmter Bedeutung.
- in der Bedeutung *jede/r/s beliebige*, *irgendeine/r/s* auch in positiven Sätzen.

Thanks, I don't want **any** more tea. *Nein danke, ich möchte keinen Tee mehr.*
Is there **any** juice in the fridge? *Gibt's Saft im Kühlschrank?*
I'll have a coke if you don't have **any** beer. *Ich nehme eine Cola, wenn Sie kein Bier haben.*
You can take **any** cup you like. *Du kannst dir jede beliebige/ irgendeine Tasse nehmen.*

Some und any lassen sich mit -body, -one und -thing zu Pronomen (▷ ❺) zusammensetzen:
There's **somebody** on the phone for you. *Da ist jemand für dich am Telefon.*
I think we A2 should do **something** nice tonight – go to a nice restaurant or go for a walk along the beach. *Ich finde, wir sollten heute Abend etwas Schönes unternehmen – in ein schönes Restaurant gehen oder am Strand spazierengehen.*
Do you see **anyone**? *Siehst du jemanden?*
I'll do **anything** you want. *Ich tue alles, was du willst.*

⚡ Zu adverbialen Bestimmungen des Ortes und der Zeit werden some und any in Verbindung mit -where (➡ im AE auch -place), -how und -time(s).
I'd like to go **somewhere** (➡ AE: someplace) interesting tonight. *Heute Abend möchte ich irgendwo hingehen, wo es interessant ist.*
The new book shop will open **sometime** next week. *Der neue Buchladen wird irgendwann nächste Woche öffnen.*
Where do you want to go? – **Anywhere** you like. *Wohin willst du gehen? – Wohin (auch immer) du willst.*
What time do you want to meet? – **Anytime** you like. *Um wie viel Uhr wollen wir uns treffen? – Jederzeit.*

Much/many/a lot of A1

Much *viel*, many *viele* und a lot of (bzw. lots of) *viel/viele* verwendet man für Personen und Dinge im Plural.

Much steht:
- bei unzählbaren Dingen, die im Singular stehen (z. B. water *Wasser*, sand *Sand* usw.).
- bei abstrakten Begriffen (z. B. art *Kunst*, time *Zeit* usw.).
- häufig bei verneinten Sätzen und in Fragen.
- nach very *sehr*, so *so/derart*, that *so*, too *zu (viel/sehr)*, as *so* und how *wie* auch in bejahten Sätzen.

How much money have you got? *Wie viel Geld hast du?*
She hasn't got **much** free time. *Sie hat nicht viel Freizeit.*
There isn't **much** difference. *Es gibt nicht viel Unterschied.*
I like her **very much**. *Ich mag sie sehr.*
Peter hasn't got **as much** coffee as Joel in his cup. *Peter hat nicht so viel Kaffee wie Joel in seiner Tasse.*

Many steht:
- für zählbare Personen und Dinge, die im Plural stehen (z. B. people *Leute*, horses *Pferde* usw.).
- häufig bei verneinten Sätzen und in Fragen.
- nach very *sehr*, so *so/derart*, that *so*, too *zu (viel/sehr)*, as *so* und how *wie* auch in bejahten Sätzen.

How many students are in your class? *Wie viele Studenten sind in deiner Klasse?*
I haven't got **many** CDs. *Ich habe nicht viele CDs.*
Are there **too many** cars on our roads? *Gibt es zu viele Autos auf unseren Straßen?*

⚡ Achtung: Einige wenige Begriffe, die im Deutschen zählbar sind, gelten im Englischen als unzählbar und werden mit some und any verbunden: bread *Brot*, information *Information(en)* oder A2 advice *Rat(schlag)*:
Is there **any** bread left? *Gibt es noch Brot?*
I need **some** information. *Ich brauche ein paar Informationen.*

A lot of (lots of) steht:
- bei zählbaren und unzählbaren Dingen.
- in positiven, gelegentlich auch in negativen Sätzen.
- nicht nach very *sehr*, so *so/derart*, that *so*, too *zu (viel/sehr)*, as *so* und how *wie*.

I've got **a lot of** DVDs and **lots of** old videos. *Ich habe viele DVDs und Unmengen von alten Videos.*
I read **a lot of** love stories. *Ich lese viele Liebesgeschichten.*
They talk **a lot**. *Sie reden viel.*

Wenn der Bezug zu einem Substantiv eindeutig ist, können much, many und a lot of/lots of auch alleinstehend verwendet werden. Die Präposition of am Ende entfällt bei a lot of/lots of:
Have you got **many** DVDs? – Yes, I've got very **many**. *Hast du viele DVDs? – Ja, ich habe sehr viele.*
Joanne hasn't got **a lot of** dresses, but her friend Cynthia has got **a lot**. *Joanne besitzt nicht viele Kleider, aber ihre Freundin Cynthia hat viele.*

A1 **Little/few**
Das Gegensatzpaar zu much und many heißt little *wenig* und few *wenige*. Sie werden jedoch seltener verwendet, da man eher much *viel* und many *viele* zu not much oder not many negiert.

Little steht:
- bei unzählbaren Dingen (z. B. water *Wasser*, money *Geld* usw.).
- bei abstrakten Begriffen (z. B. art *Kunst*, time *Zeit* usw.).

There was **little** money in my purse. *Es war nur wenig Geld in meinem Portemonnaie.*
She had **little** time. *Sie hatte wenig Zeit.*

Few steht:
- bei zählbaren Personen und Dingen (z. B. people *Leute*, horses *Pferde* usw.).

I saw **few** animals on the island. *Ich habe wenige Tiere auf der Insel gesehen.*

⚡ Setzt man jedoch vor little oder few den unbestimmten Artikel (▷ ①) a, so verkehrt sich die Bedeutung ins Gegenteil: a little *ein wenig/ etwas* und a few *einige/ein paar*. Vergleichen Sie:

She had **little** time. *Sie hatte **wenig** Zeit.*
She had **a little** time. *Sie hatte **ein wenig** Zeit.*
I saw **few** animals on the island. *Ich habe **wenige** Tiere auf der Insel gesehen.*
I saw **a few** animals on the island. *Ich habe **ein paar** Tier auf der Insel gesehen.*

Durch Voranstellen von **B1** quite + a vor few wird die Anzahl größer:
I saw **quite a few** animals on the island. *Ich habe **eine ganze Menge** Tiere auf der Insel gesehen.*

Each/every   **A2**

Der Unterschied zwischen **A2** each *jede/r/s einzelne* und **A1** every *jeder/alle* liegt in der Bewertung der individuellen Gruppenzugehörigkeit von Personen und Dingen. Each betont die Individualität in einer Gruppe und every die Gemeinsamkeit.

Each
- hebt die Einzelheit von Personen und Dingen einer Gruppe hervor.
- wirkt trennend.
- wird eher bei kleinerer Anzahl verwendet.
- kann für zwei Personen oder Dinge verwendet werden.
- kann allein stehen.

Each guest was asked if he or she had anything to do with the **B1** crime. *Jeder einzelne Gast wurde gefragt, ob er oder sie etwas mit dem Verbrechen zu tun hätte.*
He gave a ball to **each** player. *Er gab jedem Spieler einen Ball.*
Mrs Dawson gave £ 1000 to **each** of her children. *Mrs Dawson schenkte jedem ihrer Kinder £ 1000.*
The apples are 30 pence **each**. *Die Äpfel kosten 30 Pence das Stück.*
There are five cars in the car park. **Each** of them is a different colour. *Fünf Autos stehen auf dem Parkplatz. Jedes von ihnen hat eine andere Farbe.*

Every

- betont die Gruppenzugehörigkeit von Personen und Dingen.
- wirkt verallgemeinernd.
- wird eher bei größerer Anzahl benutzt.
- kann nicht für zwei Personen oder Dinge verwendet werden.
- kann nicht allein stehen, sondern benötigt das Stützwort one.
- lässt sich mit -body, -one oder -thing verbinden.

Every student was in the hall. *Alle Studenten waren im Saal.*
I go to bed at 10 **every** night. *Jeden Abend gehe ich um 10 ins Bett.*
I've looked **everywhere** and I've asked **everybody** but I still can't find it. *Ich habe überall geschaut und jeden gefragt, aber ich kann es noch immer nicht finden.*
You have to press this **B1** button **every** fifteen minutes. *Sie müssen diesen Knopf alle fünfzehn Minuten drücken.*
Have you watched all these DVDs? – Yes, **every** single one. *Hast du alle diese DVDs gesehen? – Ja, jede einzelne.*

B1
whole
Whole bedeutet das Ganze von etwas.

Whole steht:
- nur bei zählbaren Substantiven (bei unzählbaren steht all).
- in der Regel nach direktem Artikel oder Personalpronomen.

My **whole** family came to the birthday party. *Meine ganze Familie kam zur Geburtstagsfeier.*
She told me the **whole** story. *Sie hat mir die ganze Geschichte erzählt.*
After the accident my **whole** body **A2** was hurting. *Nach dem Unfall tat mir der ganze Körper weh.*
I've lived in Cornwall my **whole** life. *Ich habe mein ganzes Leben lang in Cornwall gewohnt.*

No/none

No *kein/e* und none (of) *keine/r/s (von)* sind Verneinungen und werden alleinstehend oder wie ein Artikel (▷ ❶) vor Substantiven gebraucht.

No steht:
- vor Substantiven im Singular oder Plural (ohne Artikel).
- ist bedeutungsgleich mit not a oder not any, jedoch stärker im Ausdruck.
- vor Gerund (▷ ❶❺).

Can you believe it? There were **no** apples at the supermarket. *Kann man das glauben? Es gab **keine** Äpfel im Supermarkt.*
There is **no** parking in this street. *In dieser Straße darf man **nicht** parken.*

ℹ No lässt sich zu nobody *niemand*, nowhere *nirgends/nirgendwo* und nothing *nichts* zusammensetzen:
Nobody knew I was in love. ***Niemand** wusste, dass ich verliebt war.*

None (of):
- steht vor Substantiven im Plural (mit Artikel oder Pronomen).
- führt beim folgenden Verb sowohl zum Singular (förmlicher Stil) wie auch zum Plural (weniger förmlicher Stil).
- wird alleinstehend als Verneinung von Dingen, die vorher erwähnt wurden, verwendet.
- wird [nʌn] ausgesprochen.

None of my friends speaks/speak Russian. ***Keiner** meiner Freunde spricht Russisch.*
Have you got many books? – **None** at all. *Hast du viele Bücher? Überhaupt **keins**.*

Another/other

Another bedeutet *noch ein/e* oder *ein/e andere/r/s*.

Another steht:
- vor Substantiven im Singular (vor Plural wird more verwendet).
- vor dem Stützwort one, wenn der Bezug eindeutig ist.
- vor Zahlen und few (im Sinne von noch).

Can I have **another** cup of coffee, please? *Kann ich bitte noch eine Tasse Kaffee haben?*

That sandwich was great. Could you bring me **another one**? *Dieses Sandwich war super. Könnten Sie mir noch eins bringen?*

We've got only four plates. We need **another** two. *Wir haben nur vier Teller. Wir brauchen noch zwei.*

Other(s) steht:
- ohne die Endung **-s**:
  - vor Substantiven.
  - vor dem Stützwort **one**, wenn der Bezug eindeutig ist.
  - vor Zahlen oder **few**.
- mit der Endung **-s**:
  - steht meist in Bezug auf andere Personen.

I'll take the **other** shirt. *Ich nehme das andere Hemd.*

Mit Stützwort: I'll take the **other one** (shirt). *Ich nehme das andere (Hemd).*

Mit Zahl: I'll take the **other two** (shirts). *Ich nehme die anderen beiden (Hemden).*

I don't care what **other** people think. *Es ist mir egal, was andere Leute denken.*

Sandy has a new boyfriend. I must tell the **others**. *Sandy hat einen neuen Freund. Das muss ich den anderen erzählen.*

A1 All/everything

All heißt *alle/ganz/völlig (alles)* oder *der/die/das ganze*. Da **everything** ebenfalls *alles* heißt, ist der Unterschied zu **all** nicht nur für Deutschsprachige nicht immer ganz eindeutig.

All (of) steht:
- vor Substantiven im Plural (auch unzählbaren) im Sinne von *alle*.
- vor Substantiven im Singular im Sinne von *der/die/das ganze*.
- vor einem Relativsatz (**all (that)** *alles, was*), oft gleich mit **everything (that)**.
- adverbial verwendet für *ganz* oder *völlig* (umgangssprachlich: *alles*).

All German schoolchildren must learn English. *Alle deutschen Schüler müssen Englisch lernen.*

All (of) our children must know how to cook. *Alle unsere Kinder müssen wissen, wie man kocht.*

He sat **all** evening on the sofa watching TV. *Er saß den ganzen Abend auf dem Sofa und schaute fern.*

She's eaten **all (of)** the cake by herself. *Sie hat den ganzen Kuchen allein aufgegessen.*

All (that) I know is that she doesn't love me. *Alles was ich weiß, ist, dass sie mich nicht liebt.*

What you wrote is **all** wrong. *Was du geschrieben hast, ist ganz (alles) falsch.*

> **Everything** kann Subjekt oder Objekt eines Satzes sein und steht:
> • mit einem Verb im Singular.
> • vor einem Relativsatz: everything (that) *alles, was* – oft gleich mit all (that).
> • häufig in feststehenden Phrasen.

Everything was normal. *Alles war normal.*

He told me **everything**. *Er hat mir alles erzählt.*

Everything (that) you wrote is wrong. *Alles, was du geschrieben hast, ist falsch.*

Is **everything** all right? *Ist alles in Ordnung?*

Money isn't **everything**. *Geld ist nicht alles.*

Both/either/neither   A1

Both *beide*, either *der eine* oder *der andere von zweien = beide* und neither *keiner von beiden* beziehen sich jeweils auf zwei Personen, Dinge oder Sachverhalte. Sie stehen direkt oder mit of und bestimmtem Artikel oder Pronomen vor Substantiven, können aber gelegentlich auch allein stehen.

> **Both (of)** steht:
> • für zwei Personen oder Dinge im Allgemeinen.

I like **both** films. *Ich mag beide Filme.*

Both (of) these tomatoes are bad. *Diese beiden Tomaten sind schlecht.*

Oder: These tomatoes are **both** bad. *Diese Tomaten sind beide schlecht.*

Does he want to talk to you or to me? – To **both of** us. *Will er mit dir oder mit mir reden? – Mit (uns) beiden.*
Do you want to watch TV or have dinner? – **Both**. *Willst du fernsehen oder zu Abend essen? – Beides.*

⚡ Anders als im Deutschen steht der bestimmte Artikel the hinter both. Häufig wird er aber weggelassen:
Who do you like most? – I like **both (the)** children. *Wen magst du am meisten? – Ich mag beide/die beiden Kinder.*

Ebenso können auf both Pronomen wie this, these, his, her usw. folgen, weil das of häufig weggelassen wird:
Both (of) his daughters are teachers. *Seine Töchter sind beide Lehrerinnen.*
I've driven **both (of) these** cars. *Ich bin diese beiden Autos schon gefahren.*
Both my cats love to catch mice. *Meine beiden Katzen fangen gerne Mäuse.*

Spricht man von zwei Dingen (z. B. Eigenschaften einer Person), so stellt man im Englischen mit both ... and ... *sowohl ... als auch ...* eine Balance zwischen beiden her. Wichtig ist, dass die aufgeführten Aussagen die gleiche grammatische Form haben, es sich also um zwei Adjektive oder zwei Substantive usw. handelt:
She is **both** beautiful **and** interesting. *Sie ist sowohl gut aussehend als auch interessant.*
I heard she speaks **both** French **and** Italian. *Ich habe gehört, sie spricht Französisch und Italienisch.*

Either (of) steht:
• für zwei Personen oder Dinge, wenn der Einzelaspekt hervorgehoben werden soll.

Dad, which car can I take? – **Either** (of them). That's up to you. *Papa, welches Auto kann ich nehmen? – Das eine oder das andere. Wie du willst.*
Do you want to go to the dentist's on Monday or Tuesday? – I don't care. **Either** day is fine. *Willst du am Montag oder Dienstag zum Zahnarzt gehen? – Mir egal. Beide Tage passen.*

Neither (of) steht:
• für zwei Personen oder Dinge, die in einem Zusammenhang nicht zutreffend sind.

Dad, which car can I take? – **Neither** (of them). Take the bus! *Papa, welches Auto kann ich nehmen? – Keines (von beiden). Nimm den Bus!*

Do you want to go to the dentist's on Monday or Tuesday? – I'm afraid **neither** day is possible. *Willst du am Montag oder am Dienstag zum Zahnarzt gehen? – Leider geht keiner der beiden Tage.*

⚡ Mit either oder neither auftretende Verben können entweder im Singular (förmlich) stehen oder auch im Plural (umgangssprachlich) verwendet werden:

Either of the boys **is/are** very interesting. *Beide Jungen sind sehr interessant.*

Neither of the boys **is/are** very interesting. *Keiner der Jungen ist sehr interessant.*

ℹ️ Für die Aussprache von either und neither gibt es zwei Varianten: ['aɪðə] und ['iːðə] bzw. ['naɪðə] und ['niːðə].

Plenty (of)/a number of/the number of   B1

Plenty of bedeutet *sehr viel,* während plenty allein *mehr als genug* ausdrückt. A number of heißt *etliche/eine Reihe von,* wohingegen the number of *die Anzahl der ...* bedeutet.

Plenty (of) steht:
• mit unzählbaren Personen oder Dingen.
• mit einem Verb im Plural.

They've got **plenty of** money. *Sie haben sehr viel Geld.*

There's no need to hurry. We've got **plenty of** time. *Es gibt keinen Grund zur Eile. Wir haben viel Zeit.*

Plenty of people **were watching** the show. *Sehr viele Leute sahen die Show.*

There was **plenty** to drink at the party. *Auf der Party gab es mehr als genug zu trinken.*

A number of steht:
- mit zählbaren Personen oder Dingen.
- mit einem Verb im Plural.

I met **a number of** old colleagues in town. *Ich habe eine Reihe von alten Kollegen in der Stadt getroffen.*
Quite **a number of** managers **are** involved in the scandal. *Etliche Manager sind in den Skandal verwickelt.*

The number of steht:
- mit zählbaren Personen oder Dingen.
- mit einem Verb im Singular.

The number of men in our group is high. *In unserer Gruppe gibt es eine große Anzahl an Männern.*

Zum Abschluss hier eine Liste von – zum Teil umgangssprachlichen – Wendungen, die alle in etwa die Grundbedeutung *(sehr) viel/viele* haben:

a good many of	a number of
a host of	a great number of
crowds of	quite a number of
a lot of	plenty of
lots of	quite a few
loads of	scores of

umpteen [ˌʌmpˈtiːn]
I must have written to her umpteen times but never got an answer. *Ich muss ihr etliche Male geschrieben haben, habe aber nie eine Antwort bekommen.*

7 Das Verb

Ich hasse Graffiti. – Ich mag italienisches Essen auch nicht.

☼ Vollverben beschreiben Handlungen, Vorgänge oder Zustände und lassen sich nach mehreren Aspekten bestimmen:
- nach der grammatischen Person (I, you, he, she, it usw.)
- nach der einfachen Form (Simple form) oder der ing-Form (Progressive form)
- nach Singular oder Plural (Numerus)
- nach der Zeitform (Tempus)
- nach dem Modus (Indikativ, Konjunktiv oder Imperativ)

Im Satzgefüge nennt man das Verb in der Regel Prädikat, das einteilig (They **buy** a house. *Sie kaufen ein Haus.*) oder mehrteilig (They **have bought** a house. *Sie haben ein Haus gekauft.*) sein kann.

Einteilige Formen gibt es im Englischen nur zwei: buy (Simple present) und bought (Simple past).

Mehrteilige Formen werden mit den vollständigen Hilfsverben to be und to have sowie weiteren Hilfsverben (▶ 13) zusammengesetzt, z. B. to be bought *gekauft sein/werden*, to have bought *gekauft haben* oder will have been bought *wird gekauft worden sein*, wobei die dritte Form des Vollverbs (bought) auch als Partizip Perfekt (▶ 21) bezeichnet wird.

A1 **7.1   Der Infinitiv**

A1 **Der Infinitiv mit to**
💡 Der Infinitiv ist die Grundform des Verbs: **to pay** *bezahlen*. Er zeigt keine Zeitform, Person oder Modus usw. an. Normalerweise steht der Infinitiv wie im Deutschen mit **to** *zu*:
He forgot to pay the bill. *Er hat vergessen, die Rechnung zu zahlen.*

⚡ Bei dem Verb **to want** *wollen/möchten* gibt es einen Unterschied zum Deutschen: Zwar steht im Englischen das **to**, im Deutschen entfällt aber das *zu*, da **want** mit einem Hilfsverb übersetzt wird:
I want to go home now. *Ich will/möchte jetzt nach Hause gehen.*

A2 Der Infinitiv kann neben dem Present infinitive auch in anderen Formen auftreten. Relativ häufig sind:

- Progressive infinitive: **(to) be ...ing**
  It's nice to be working with him again. *Es ist schön, wieder mit ihm zu arbeiten.*
- Perfect infinitive: **(to) have** + Past participle
  It's nice to have finished work. *Es ist schön, die Arbeit beendet zu haben.*
- Passive infinitive: **(to) be** + Past participle
  All the work must be done. *Die ganze Arbeit muss getan werden.*

A2 **Der Infinitiv ohne to**
In folgenden Fällen steht ein Infinitiv ohne **to**:

- nach Hilfsverben
- nach einigen Ausnahmeverben und Phrasen
- bei zwei aufeinanderfolgenden Infinitiven

Wie im Deutschen steht vor einem Infinitiv kein **to**, wenn er nach einem der folgenden Hilfsverben steht:

can *können*	**could** *könnte/konnte*	**need** *brauchen* (nur im BE)
must *müssen*	**A2 may** *dürfen*	**will** *wollen/werden*
shall *sollen*	**should** *sollte*	**must not** *nicht dürfen*
would *würde*	**B1 might** *dürfte*	

I **can explain** everything. *Ich **kann** alles **erklären**.*
Shall I **close** the window? *Soll ich das Fenster schließen?*
You **mustn't be** late. *Du **darfst nicht** zu spät **kommen**.*

◑ Ausnahme: Ebenso werden die beiden Verben **to help** *helfen* und
B2 **to dare** *wagen*, die eigentlich Vollverben sind, vor allem im
gesprochenen Englisch häufig ohne **to** verwendet.

Zu den anderen Vollverben, nach denen regelgerecht ein Infinitiv
ohne **to** folgt, zählen:

to feel *sich fühlen*	**to hear** *hören*	**to let** *lassen*
to make *machen*	**to see** *sehen*	**to watch** *schauen*

Diese Regel gilt dann, wenn zwischen dem Verb und dem Infinitiv ein
Objekt, z. B. ein Personalpronomen, steht:
She **saw** him **kiss** her best friend. *Sie **sah** ihn ihre beste Freundin
küssen.*
She **let** her husband **do** the dishes. *Sie **ließ** ihren Gatten das
Geschirr **abspülen**.*

Phrasen, nach denen das **to** weggelassen wird, sind u. a.:

B1 **had better** *es wäre besser*   **would rather** *möchte/würde lieber*

You **had better see** a doctor. *Es wäre besser, du gingst zum Arzt.*
I **would rather go** home now. *Ich **würde jetzt** lieber nach Hause
gehen.*

Zwei aufeinanderfolgende Infinitive liegen dann vor, wenn sie mit **and**
und oder **or** *oder* verbunden sind. Der zweite Infinitiv steht dann,
anders als im Deutschen, meist ohne **to**:
He decided **to watch** TV **and have** dinner. *Er entschied sich dafür,
fernzusehen und zu Abend zu essen.*

7.2   Der Konjunktiv   A2

ℹ Den Konjunktiv, der im Deutschen für irreale Situationen, Möglich-
keiten und Wünsche verwendet wird, drückt man im modernen
Englisch weitgehend mit A2 **would** *würde*, **should** *sollte* und anderen
Hilfsverben (▷ ⓭) aus. (Zur indirekten Rede (▷ ㉓)

Dennoch gibt es einige Formen, die nachfolgend beschrieben werden.

A2 **Der Konjunktiv der Gegenwart**
ℹ Der Konjunktiv der Gegenwart ist identisch mit dem Infinitiv. Man erkennt ihn daran, dass in der 3. Person Singular *kein -s* angehängt wird. Bei einigen Phrasen kann man dies gut erkennen:
God **save** the Queen! *Gott schütze die Königin!*
Heaven **forbid**! *Gott bewahre!*

Das Verb to be tritt ebenfalls im Infinitiv zum Ausdruck des Konjunktivs auf:
It's necessary that he **be** asked first. *Es ist notwendig, dass er zuerst gefragt wird.*

Darüber hinaus ist es vor allem im 🔜 AE üblich, nach Verben, die eine Forderung oder einen Vorschlag ausdrücken, sowie in einigen Wendungen, das folgende Verb im Konjunktiv, also in der 3. Person ohne Endungs-**s**, zu verwenden:

to ask *fragen*	to suggest *vorschlagen*
to recommend *empfehlen*	**B2** to insist *darauf bestehen*
it's necessary *es ist notwendig*	**B1** it's important *es ist wichtig*

He **suggested** (that) she **go** home. *Er schlug vor, dass sie nach Hause geht/gehen möge.*
It's important that he **write** her a letter. *Es ist wichtig, dass er ihr einen Brief schreibt.*

A2 **Der Konjunktiv der Vergangenheit**
☀ Der Konjunktiv der Vergangenheit, der vor allem bei Konditional-sätzen (▷ ㉒) gebraucht wird, stimmt mit dem Past simple überein.
◖ Eine Ausnahme macht nur to be. Hier gibt es zwei Formen: was und die Konjunktivform were. Were ist die förmlichere, stilistisch bessere Form, doch was kann ebenfalls verwendet werden:

I wish she **were (was)** 20 years younger. *Ich wünschte, sie wäre 20 Jahre jünger.*
She wishes she **were (was)** going with them. *Sie wünscht, sie ginge mit ihnen.*

7.3   Der Imperativ

☼ Bei der Befehlsform steht das Verb im Infinitiv. Er ist im Singular, Plural und in der Höflichkeitsform gleich: **Call** me Harry!
Da man an call nicht erkennen kann, in welcher Person es verwendet wird, lässt sich dieser Satz auf vierfache Weise ins Deutsche übertragen:

Call me Harry.	*Nenn' mich Harry!* (2. Person Singular)
	Nennt mich Harry! (2. Person Plural)
	Nennen Sie mich Harry! (Höflichkeitsform Singular)
	Nennen Sie mich Harry! (Höflichkeitsform Plural)

Eine Verneinung erhält man, indem man don't vor das Verb stellt:
Don't call me Harry. *Nenn/Nennt/Nennen Sie mich **nicht** Harry!*

Befehle lassen sich verstärken und abmildern. Verstärkt werden sie mit never *nie/niemals* oder always *immer*:
Never/Always call me Harry. *Nenn/Nennt/Nennen Sie mich **niemals/immer** Harry!*

Abgemildert werden sie mit please *bitte* sowie durch das Anhängen von will you und would you:
Call me Harry, **please**./Call me Harry, **will/would you**? *Nenn/Nennt/Nennen Sie mich **doch bitte** Harry!*

Mit der Phrase let's (= let us) *lass(t) uns* bezieht man sich selbst ein.
Let's go to the park and have a picnic. *Lass uns/Lasst uns in den Park gehen und picknicken!*

❶ Das Ausrufezeichen wird im Englischen nur verwendet, wenn man einer Aufforderung mehr Nachdruck verleihen möchte (auch nach Sätzen, die eigentlich keine Imperative sind). Im Deutschen wird es nach Imperativformen häufiger verwendet.
I've really had enough of you! I never want to A2 see you again! *Ich habe wirklich genug von dir! Ich will dich nie wieder sehen!*
Oh my God! I shouldn't have said that. How C1 embarrassing! *Oh mein Gott! Ich hätte das nicht sagen sollen. Wie peinlich!*

7.4   Das Kopulaverb

☀ Unter Kopulaverben versteht man Verben, die eine besondere Beziehung zum Subjekt des Satzes haben und denen daher eine direkte Substantiv-Ergänzung oder ein Adjektiv (▷ ❸) – kein Adverb! – folgt. Ferner bilden sie kein Passiv (▷ ⑯).

Zu den Kopulaverben gehören:

to be *sein*	to get *werden*
to stay *bleiben*	**A2** to become *werden*
to grow *hier: werden*	to turn *hier: werden*
B2 to remain *bleiben*	**B1** to seem *scheinen* (häufig mit like vor Substantiv-Ergänzungen)

He **is** a foreigner. *Er ist Ausländer.*
The weather **turned** sunny in the afternoon. *Am Nachmittag wurde es sonnig.*

Auch einige Verben der Sinneswahrnehmung zählt man zu den Kopulaverben, wenn sie sich auf das Subjekt beziehen:

to look *aussehen*	**A2** to feel *sich fühlen*
to smell *riechen*	**B1** to sound *klingen*
to taste *schmecken*	

The girl **looks** beautiful (nicht beautifully). *Das Mädchen sieht schön aus.*
Dinner **smells** wonderful. *Das Abendessen riecht wundervoll.*
Your cake **tastes** **B2** delicious. *Dein Kuchen schmeckt köstlich.*
Her skin **feels** very soft. *Ihre Haut fühlt sich sehr weich an.*
I've **A2** caught a cold. My voice **sounds** awful today. *Ich habe mich erkältet. Meine Stimme klingt heute schrecklich.*

8 Die Gegenwart

A1

Wahnsinn, wie schaffen Sie es nur, ohne Ausrüstung so tief zu tauchen? – Ich ertrinke, Sie Blödmann!

ℹ Das englische Zeitensystem ist komplizierter als das deutsche, auch wenn das anstrengende Lernen von Personalendungen wegfällt. Es ist schwieriger, weil viele Zeiten und Formen nicht so einfach austauschbar sind wie im Deutschen. Außerdem gibt es mit dem Present perfect eine Zeitform, die das Deutsche so nicht kennt.

Gemeinsam ist beiden Sprachen, dass es sechs Zeiten gibt:
• Present tense (Gegenwart)
• Past tense (Vergangenheit)
• Future tense (Zukunft)
• Present perfect (vollendete Gegenwart)
• Past perfect (vollendete Vergangenheit)
• Future perfect (vollendete Zukunft)

⚡ Darüber hinaus besitzt das Englische für alle sechs Zeiten zwei Formen: eine einfache Form (Simple form), und eine fortlaufende Form (Progressive oder ing-form, in anderen Grammatiken auch Continuous form genannt).

Present tense, Past tense und Future tense drücken (bis auf Ausnahmen) die entsprechende Zeitstufe aus; die drei Perfect tenses hingegen sind häufig Brücken, die zwei Zeitstufen verbinden. Dazu später mehr. Hier zunächst ein Überblick über alle sechs Zeiten und ihre Formen:

	Simple form	Progressive form
Past tense	Yesterday I wrote 20 emails. *Gestern schrieb ich 20 E-Mails.*	Yesterday I was writing an email when my sister came home. *Gestern schrieb ich gerade eine E-Mail, als meine Schwester heimkam.*
Present tense	I write 20 emails a day. *Ich schreibe täglich 20 E-Mails.*	I am writing an email at the moment. *Ich schreibe gerade eine E-Mail.*
Future tense	I will write 20 emails tomorrow. *Ich werde morgen 20 E-Mails schreiben.*	I will be writing an email tomorrow at 2 when my sister comes home. *Ich werde morgen um 2 dabei sein, eine E-Mail zu schreiben, wenn meine Schwester heimkommt.*
Past perfect	Yesterday I had written 5 emails when my sister came home. *Ich hatte gestern 5 E-Mails geschrieben, als meine Schwester heimkam.*	Yesterday I had been writing emails for 2 hours when my sister came home. *Ich war gestern seit 2 Stunden dabei E-Mails zu schreiben, als meine Schwester heimkam.*
Present perfect	I have written 5 emails up to now. *Ich habe bis jetzt 5 E-Mails geschrieben.*	I have been writing emails for 2 hours. *Ich bin seit 2 Stunden dabei, E-Mails zu schreiben.*
Future perfect	I will have written 5 emails by 2 o'clock tomorrow. *Bis morgen 2 Uhr werde ich 5 E-Mails geschrieben haben.*	Tomorrow at 2 I will have been writing emails for 2 hours. *Morgen um 2 Uhr werde ich 2 Stunden lang E-Mails geschrieben haben.*

A1   8.1   **Die einfache Gegenwart**

Formen

☼ Die Form des Present simple entspricht dem Infinitiv des Vollverbs (▷ ❼). Nur in der 3. Person Singular wird ein -s angehängt.

	Singular	**Plural**
1. Person	I **dance** *ich tanze*	we **dance** *wir tanzen*
2. Person	you **dance** *du tanzt*	you **dance** *ihr tanzt/Sie tanzen*
3. Person	he/she/it **dances** *er/sie/es tanzt*	they **dance** *sie tanzen*

➕ He, she, it – das -s muss mit.

Beim **-s** der 3. Person Singular gelten folgende Rechtschreib- und Ausspracheregeln:
- Verben, die auf **-s**, **-z**, **-sh**, **-ch** und **-x** enden, hängen **-es** an:
  He wash**es** ['wɒʃɪz] his hands. *Er wäscht sich die Hände.*
- Endet ein Verb auf **-y** und steht davor ein Konsonant, so wird das **-y** zu **-ies**:
  Father always carr**ies** the suitcases. *Vater trägt immer die Koffer.*
- Steht vor dem **-y** ein Vokal, so bleibt das **-y** stehen:
  Mr Jackson bu**ys** potatoes. *Herr Jackson kauft Kartoffeln.*
- das Verb **to be** *sein* wird zu **is**; **to have** *haben* zu **has**; **to go** *gehen* zu **goes** [gəʊz] und **to do** *tun* zu **does** [dʌz]:
  The dog **has** no home. *Der Hund hat kein Zuhause.*
- Die Aussprache von **to say** *sagen* [seɪ] ist in der 3. Person Singular (**says**) [sez].

Fragen werden gebildet, indem man **to do** *tun* – oder in der 3. Person Singular **does** – vor den Infinitiv des Vollverbs stellt (zu den Ausnahmen ▷ ⑭). Die 3. Person Singular steht nach **does** ohne **-s**:
Do you **live** in Amsterdam? *Wohnst du/Wohnen Sie in Amsterdam?*
Does Anne **remember** me? *Erinnert sich Anne an mich?*

Verneinungen erhält man, indem man **do not (don't)** – oder in der 3. Person Singular **does not (doesn't)** – vor den Infinitiv setzt:
They **don't eat** cheese. *Sie essen keinen Käse.*
She **doesn't like** milk. *Sie mag keine Milch.*

Gebrauch
Folgende Sachverhalte drückt man im Present simple aus:
- regelmäßige Handlungen und Gewohnheiten:
  I **go** to bed every night at 11. *Ich gehe jeden Abend um 11 zu Bett.*

- allgemeine Wahrheiten und Naturgesetze:
  The sun **comes up** in the east. *Die Sonne geht im Osten auf.*
- dauerhafte Tätigkeiten und Vorgänge:
  I **work** at the airport. *Ich arbeite am Flughafen.*
- Ereignisreihen (häufig in Kochanleitungen, Erzählungen und
  Sportkommentaren):
  Ballack **passes** to Podolski. Podolski **shoots** and ... Goal!
  Germany **wins**. *Ballack passt zu Podolski. Podolski schießt und ...
  Tor! Deutschland gewinnt.*
- Fahrpläne (mit zukünftiger Bedeutung):
  The train **arrives** at 9.50 am. *Der Zug kommt um 9:50 Uhr an.*

Bei diesen Aussagesätzen werden häufig Zeitadverbien verwendet,
die auf eine Verwendung des Present simple hindeuten, wie beispiels-
weise:

always *immer*	never *nie(mals)*
often *oft*	**A2** sometimes *manchmal*
usually *normalerweise*	every day *jeden Tag*
on Mondays *montags* usw.	**B1** twice a week *zweimal die Woche*

Weitere Informationen zum Gebrauch des Present simple als Form
der Zukunft ▷ **10.4**

A1 8.2   **Die Verlaufsform der Gegenwart**

Formen
☀ Beim Present progressive wird die Gegenwartsform von to be vor
das Vollverb gestellt und die Endung -ing an den Infinitiv angehängt:

	Singular	Plural
1. Person	I **am dancing** *ich tanze gerade*	we **are dancing** *wir tanzen gerade*
2. Person	you **are dancing** *du tanzt gerade*	you **are dancing** *ihr tanzt/Sie tanzen gerade*
3. Person	he/she/it **is dancing** *er/sie/es tanzt gerade*	they **are dancing** *sie tanzen gerade*

Auch hier gelten bestimmte Regeln:
- Ein nicht gesprochenes **-e** am Infinitivende entfällt:
  He's closing the door. *Er schließt gerade die Tür.*
- Ein einfacher Konsonant als Infinitivauslaut wird nach kurzem, betontem Vokal verdoppelt:
  He's swimming in the lake. *Er schwimmt (gerade) im See.*
- Ist der Endvokal nicht betont, wird der Konsonant nicht verdoppelt:
  Grandma is visiting us. *Oma kommt uns besuchen.*
- Die Endung **-ie** wird zu **-y**:
  He's dying. *Er stirbt.*
- Die Endung **-y** verändert sich jedoch nicht:
  She's paying the bill. *Sie zahlt die Rechnung.*
- Ein **-l** am Ende wird im BE immer verdoppelt, im 🠒 AE nur, wenn die letzte Silbe betont ist:
  They're A2 **travelling to Spain.** *Sie reisen nach Spanien.*

Bei diesen Tätigkeitssätzen werden manchmal Zeitangaben, die die Aktualität der Handlung ausdrücken, verwendet:

now *gerade*	**at the moment** *im Moment*
B1 **at present** *im Augenblick*	**presently** *derzeit*

Fragen bildet man, indem das Subjekt und die Form von **to be** die Position tauschen:
Are they **building** a house? *Bauen sie (gerade) ein Haus?*

Verneint wird, indem man die to be-Form mit **not** (**n't**) negiert:
No, they are not (aren't) building a house. *Nein, sie bauen (gerade) kein Haus.*

Gebrauch
Das Present progressive wird verwendet für:
- Handlungen, die im Moment des Sprechens durchgeführt werden:
  They're having dinner. *Sie essen gerade zu Abend.*
- Handlungen, die noch nicht abgeschlossen sind und sich über einen längeren Zeitraum erstrecken (auch wenn sie im Moment nicht geschehen):
  I'm reading "The Goblet of Fire". *Ich lese gerade den „Feuer-kelch".*

- allmählich ablaufende Zustandsveränderungen:
  His English **is getting** better. *Sein Englisch **wird** (nach und nach) besser.*
- fest beschlossene Handlungen (mit zukünftiger Bedeutung):
  I'm **meeting** a friend tonight at 8. *Ich **treffe** mich heute Abend um 8 mit einem Freund.*

⚡ Es gibt einige Verben, die selten oder nie in die Verlaufsform gesetzt werden. Dazu gehören alle, die keine Tätigkeit ausdrücken:

to know *wissen, kennen*	to like *mögen*	to need *brauchen*
to want *wollen*	A2 to doubt *zweifeln*	to cost *kosten*

sowie die Sinneswahrnehmungen, wenn sie sich auf das Subjekt und nicht auf die Tätigkeit beziehen:

to look *aussehen*	A2 to feel *sich fühlen*	to smell *riechen*
B1 to sound *klingen*	to taste *schmecken*	

Das Verb to think *denken* erhält eine andere Bedeutung, wenn man es in die ing-Form setzt. Dann heißt es *nachdenken*:
I **think** she's right. *Ich **denke**, sie hat Recht.*
I'm **thinking** about selling the house. *Ich **denke darüber nach**, das Haus zu verkaufen.*

Ebenso verändert to have, das in der einfachen Form *haben, besitzen* heißt, in der ing-Form die Bedeutung. Es drückt dann Tätigkeiten wie to have a bath *ein Bad nehmen* oder to have a child *ein Kind bekommen* aus:
I **have (got)** three children. *Ich **habe** drei Kinder.*
I'm **having** breakfast. *Ich frühstücke **gerade**.*

Bedeutungsverändernd wirkt die ing-Form auch bei Fragen mit to do *tun/machen*. In der Simple form zielt die Frage meist auf berufliche Tätigkeiten ab, während sie sich in der ing-Form auf eine momentane Aktivität bezieht:
What **do** you **do** for a living? *Wie **verdienen** Sie ihren Lebensunterhalt?*
What **are** you **doing**? – I'm cleaning the bathroom. *Was **tust** du gerade? – Ich putze das Bad.*

9 Die Vergangenheit

A1

Hast du keine Gebrauchsanweisung bekommen?

9.1 Die einfache Vergangenheit

A1

Formen

Beim Past simple unterscheidet man zwischen den regelmäßigen Formen, die mit der Endung **-ed** gebildet werden (**danced** *tanzte*) und den unregelmäßigen Formen, die auswendig gelernt werden müssen (**did** *tat*, **gave** *gab*, **met** *traf* usw.). Diese finden Sie im Anhang übersichtlich aufgelistet (▷ Unregelmäßige Verben).

I **danced** *ich tanzte*	we **danced** *wir tanzten*
you **danced** *du tanztest*	you **danced** *ihr tanztet/Sie tanzten*
he/she/it **danced** *er/sie/es tanzte*	they **danced** *sie tanzten*
I **gave** *ich gab*	we **gave** *wir gaben*
you **gave** *du gabst*	you **gave** *ihr gabt/Sie gaben*
he/she/it **gave** *er/sie/es gab*	they **gave** *sie gaben*

☀ Die Form des Past simple ist in allen Personen gleich. ◗ Die einzige Ausnahme bildet **to be**:

I **was** *ich war*	we **were** *wir waren*
you **were** *du warst*	you **were** *ihr wart/Sie waren*
he/she/it **was** *er war*	they **were** *sie waren*

Bei den regelmäßigen Formen, die für alle Personen gleich sind, gelten ähnliche Regeln wie bei der Verlaufsform der Gegenwart (▷ **8.2**):

- Ein nicht gesprochenes **-e** am Infinitivende entfällt:
  He closed the door. *Er schloss die Tür.*
- Ein einfacher Konsonant im Infinitivauslaut wird nach kurzem, betontem Vokal verdoppelt:
  She stopped everything. *Sie stoppte alles.*
- Ist der Endvokal nicht betont, wird der Konsonant nicht verdoppelt:
  Grandma visited us. *Oma besuchte uns.*
- Die Endung **-ie** wird zu **-ied**:
  He died. *Er starb.*
- Die Endung **-y** wird zu **-ied**, wenn ein Konsonant vor dem **-y** steht:
  Father carried the suitcases. *Vater trug die Koffer.*
- Die Endung **-y** bleibt stehen, wenn ein Vokal vor dem **-y** steht:
  She played a song. *Sie spielte ein Lied.*
  ⚡ to pay *bezahlen* ist unregelmäßig: **paid**
- Ein **-l** am Ende wird im BE immer verdoppelt, im ➡ AE nur, wenn die letzte Silbe betont ist:
  They A2 travelled to Spain. *Sie reisten nach Spanien.*

Bitte beachten Sie auch die Aussprache der regelmäßigen **ed**-Endung. Sie richtet sich nach dem vorangehenden Laut: man sagt [d] nach Vokalen und stimmhaften Konsonanten (**lived** [lɪvd], **loved** [lʌvd]), aber [t] nach stimmlosen Konsonanten (**stopped** [stɒpt], **danced** [dɑːnst]) und nach d und t sogar [ɪd] (**ended** [ˈendɪd], **started** [ˈstɑːtɪd]).

Fragen werden bei allen Vollverben mit **did**, dem Past simple von to do *tun* gebildet. Man stellt **did** vor das Subjekt und belässt das Verb im Infinitiv:
Did you live in Amsterdam? *Wohntest du in Amsterdam?/Hast du in Amsterdam gewohnt?*
Did Anne remember me? *Erinnerte sich Anne an mich?/ Hat sich Anne an mich erinnert?*
Did I call you last night? I don't remember. *Habe ich dich gestern Abend angerufen? Ich kann mich nicht erinnern.*

➕ **Did** und Grundform, das ist Norm – nach **did** steht nie die Past tense-Form.

Auch im Zusammenhang mit Fragepronomen wie **when** *wann*, **where** *wo* oder **how** *wie* verfährt man so:
When did you **arrive**? *Wann bist du angekommen?*
Where did you **meet** her? *Wo hast du sie getroffen?*
Why didn't he **buy** that pen? *Warum hat er diesen Stift nicht gekauft?*
Zu den Ausnahmen bei **who** *wer* und **what** *was* schauen Sie bitte im Kapitel ▷ **14**.

Verneinungen erhält man, indem man **did not (didn't)** vor das Vollverb setzt und dieses im Infinitiv lässt:
They **didn't eat** any cheese. *Sie aßen keinen Käse.*
I **didn't go** out on Sunday. *Ich bin am Sonntag nicht ausgegangen.*

Gebrauch

Alle Handlungen und Zustände, die in der Vergangenheit geschahen, abgeschlossen sind und für die Gegenwart keine Relevanz mehr haben, werden in der einfachen Form der Vergangenheit ausgedrückt.
Es spielt dabei keine Rolle, ob die Handlung fünf Sekunden oder eine Million Jahre her ist und wie häufig sie stattgefunden hat:
The dinosaurs **died** out 65 million years ago. *Die Dinosaurier starben vor 65 Millionen Jahren aus.*
The shop **closed** a few minutes ago. *Der Laden hat vor ein paar Minuten geschlossen.*
Last night I **listened** to some rock music. *Gestern Abend hörte ich Rockmusik.*

Der letzte Satz, der im Deutschen auch mit *Gestern Abend habe ich Rockmusik gehört* wiedergegeben werden kann, kann im Englischen nur im Past simple stehen, weil die Tätigkeit bereits geschehen und der Zeitpunkt vorüber ist. (Im Present perfect wäre der Satz falsch!)
Last night ist hier das Signalwort, das anzeigt, dass die Handlung in der Vergangenheit liegt und deshalb das Past tense zwingend als Zeitform erforderlich ist.

Einige häufig verwendete Zeitangaben sowie genaue Tages-, Monats- und Jahresbezeichnungen werden alle mit dem Past simple (oder Past progressive) verbunden, weil sie zeigen, dass eine Handlung, die zu dem Zeitpunkt stattfand, vergangen ist:

---

yesterday *gestern*   **... ago** *vor ...*   **last ...** *letzte/n/s ...*
in March *im März*   **in 2006** *2006*
on Thursday, June 21 *am Donnerstag, dem 21. Juni*
in the 15ᵗʰ century *im 15. Jahrhundert*
in the Middle Ages *im Mittelalter*

They bought their new car in June. *Sie haben ihr neues Auto im Juni gekauft.*
She closed the window a minute ago. *Sie schloss das Fenster vor einer Minute.*

Der letzte Beispielsatz kann wegen der Zeitangabe **ago** *vor* nur im Past simple stehen. Bitte informieren Sie sich im Kapitel Vollendete Gegenwart (▶ ⑪), um mehr über den Unterschied zwischen Past tense und Present perfect zu erfahren.

☼ **Yesterday**, **ago** und **last** erfordern stets das Simple past.

A2

used to do sth.

Die Konstruktion **used to do sth.** *pflegte etw. zu tun* (bzw. mit *früher zu übersetzen*) wird verwendet, um auszudrücken, dass man früher etwas regelmäßig getan hat und es heute nicht mehr tut. Statt **I bought the newspaper every morning.** *Ich habe jeden Morgen die Zeitung gekauft* kann man auch **I used to buy the newspaper every morning** sagen. Das Vollverb nach **used to** steht im Infinitiv.
Zur Angabe regelmäßiger Gewohnheiten in der Gegenwart (▶ ⑧) verwendet man **A2** **usually** *gewöhnlich*, *normalerweise*.

Die Konstruktion mit **used to** wird nicht nur bei Handlungen, sondern auch bei vergangenen Zuständen verwendet:
There used to be a car park over there. *Dort drüben war früher mal ein Parkplatz.*
Greenland used to be a green country with B2 meadows and woods. *Einst war Grönland ein grünes Land mit Wiesen und Wäldern.*

Eine geläufige Variante, die Regelmäßigkeit einer Handlung in der Vergangenheit auszudrücken, ist die Konstruktion would do sth. Man kann sie jedoch nur bei Tätigkeiten, nicht bei Zuständen anwenden:
When I was working in that bar, I **would smoke** a lot of cigarettes. *Als ich in dieser Bar arbeitete, rauchte ich sehr viele Zigaretten.*
On winter evenings we **would sit** together and **listen** to music. *An Winterabenden saßen wir immer zusammen und hörten Musik.*

9.2   Die Verlaufsform der Vergangenheit   A2

Formen
☀ Beim Past progressive wird die Vergangenheitsform von to be vor das Vollverb gestellt und die Endung -ing an den Infinitiv angehängt:

I **was dancing** *ich tanzte gerade*,
you **were dancing** *du tanztest gerade* ... usw.

Gebrauch
Das Past progressive wird für Handlungen verwendet, die zu einem bestimmten Zeitpunkt in der Vergangenheit in Gang und unabgeschlossen waren. Im Deutschen findet man in diesem Fall häufig Ausdrücke wie *gerade tun* oder *dabei sein, etw. zu tun* oder auch umgangssprachlich *„gerade am Tun sein"*:
What **were** you **doing** around 10 last night? *Was hast du gestern Abend gegen 10 (gerade) getan?*
Last night around 10 I **was listening** to some rock music. *Gestern Abend um 10 hörte ich gerade Rockmusik.*

⚡ Wenn eine Handlung in der Vergangenheit gerade geschieht und eine zweite, meist kürzere hinzukommt, so steht die zuerst begonnene im Past progressive. Sie bildet den Hintergrund für die neu eintretende Handlung, die im Past simple steht:
I **was repairing** my car when the phone **rang**. *Ich war gerade dabei, mein Auto zu reparieren, als das Telefon klingelte.*
When I last met **her**, she **was looking** for a new flat. *Als ich sie das letzte Mal traf, suchte sie gerade nach einer neuen Wohnung.*
They **were waiting** at the bus stop when it **started** to rain. *Sie warteten gerade an der Bushaltestelle, als es zu regnen anfing.*

Laufen zwei oder mehrere Tätigkeiten mehr oder weniger gleichzeitig ab und man möchte die Handlungen hervorheben, so stehen sie in der Verlaufsform:

While I **was listening** to some rock music, my sister **was reading** a book and my father **was doing** the dishes. *Während ich Rockmusik **hörte, las** meine Schwester ein Buch und mein Vater **machte** den Abwasch.*

⚡ Die Verwendung der ing-Form zeigt an, ob eine Handlung gerade geschah (ing-Form), als eine zweite eintrat (Simple Form). Zwei hintereinander folgende Handlungen stehen in der Simple Form. Vergleichen Sie:

When Betty came home, we **were having** dinner.	When Betty came home, we **had** dinner.
*Als Betty nach Hause kam, **waren** wir beim Abendessen.*	*Als Betty nach Hause kam, **aßen** wir zu Abend.*
(Als Betty ankam, war das Essen schon im Gang.)	(Zuerst kam Betty, dann fingen wir an zu essen.)

Als allgemeine Regel gilt, dass man für Handlungen und Zustände in der Vergangenheit zunächst an das Past simple denken sollte, es sei denn, man möchte Tätigkeiten besonders hervorheben und zwei oder mehrere Handlungen in Beziehung setzen:

What **did** you **do** last night? – I didn't do much, I **was** at home. *Was **hast** du gestern Abend **gemacht**? – Ich habe nicht viel gemacht; ich **war** zu Hause.*

So, what **were** you **doing** when I called? – I **was watching** TV. *Also, was **hast** du gerade getan, als ich anrief? – Da **habe** ich gerade ferngesehen.*

10 Die Zukunft

> Looks like it's going to rain any minute.

> Really? I just hope my new woolly pullover won't shrink.

Sieht so aus, als würde es jeden Moment zu regnen anfangen. – Wirklich? Ich hoffe nur, mein neuer Wollpullover geht nicht ein.

ⓘ Es gibt im Englischen insgesamt sieben Möglichkeiten, um eine Handlung oder einen Sachverhalt in der Zukunft auszudrücken:
- Future simple (einfache Zukunft = Will-Future)
- Going to-Future
- Present progressive (Verlaufsform der Gegenwart)
- Present simple (einfache Form der Gegenwart)
- Future progressive (Verlaufsform der Zukunft)
- Future perfect simple (einfache Form der vollendeten Zukunft)
- Future perfect progressive (Verlaufsform der vollendeten Zukunft)

10.1 Die einfache Zukunft

Formen

☼ Beim Future simple, das auch Will-Future genannt wird, setzt man in allen Personen ein **will** (bzw. die Verkürzung **'ll**) vor den Infinitiv des Vollverbs:

I **will dance** *ich werde tanzen*, you **will dance** *du wirst tanzen* usw.

Im BE gibt es für die beiden 1. Personen Singular und Plural darüber hinaus noch die gehobenere Variante **shall ('ll)**: I **shall/we shall dance** *ich werde/wir werden tanzen*.

Gefragt wird, indem man die Position von Subjekt und **will** tauscht:
Will she remember me? *Wird sie sich an mich erinnern?*

⚡ **Shall** hat in der Frageform eine andere Bedeutung, es wird mit sollen übersetzt:
Shall I wash your shirt? *Soll ich dein Hemd waschen?*

Verneint wird, indem man **will** zu **will not = won't** [wəʊnt] und **shall** zu **shall not = shan't** [ʃɑːnt] verneint:
She **won't** like it. *Sie wird es nicht mögen.*
I **shan't** be gone long. *Ich werde nicht lange weg sein.*

Gebrauch
ℹ️ Das Will-Future wird viel häufiger benutzt als die Futurform im Deutschen. Man verwendet es bei spontanen Entscheidungen und Vorschlägen für unmittelbar bevorstehende Handlungen:
The phone is ringing. – **I'll get** it. *Das Telefon klingelt. – Ich gehe ran.*
Have you phoned your brother? – No, but **I'll do** it right away. *Hast du deinen Bruder schon angerufen? – Nein, aber ich werde es gleich machen/ich mache es gleich.*

Das Will-Future wird auch für allgemeine Vorhersagen, Vermutungen und Beschreibungen zukünftiger Zustände benutzt. Grundsätzlich könnte man auch das Going to-Future verwenden, das umgangssprachlicher ist:
I'm sure they **won't win** the game. *Ich bin sicher, sie werden das Spiel nicht gewinnen.*
I'll be in Rome next week. *Nächste Woche werde ich in Rom sein.*

Im Zusammenhang mit dem Will-Future stehen oft bestimmte Ausdrücke wie:

I think *ich denke/meine/glaube*	I'm sure *ich bin sicher*
A2 probably *vermutlich*	I wonder *ich frage mich*
B1 I expect *ich erwarte*	**B2** maybe *vielleicht*

A1

10.2   Das Going to-Future

Die Konstruktion to be going to do sth. *etw. tun werden* wird sehr häufig gebraucht:
They**'re going to buy** a house. *Sie werden ein Haus kaufen.*
She**'s going to sell** her car. *Sie wird ihr Auto verkaufen.*

Man verwendet das Going to-Future zum einen, um auszudrücken, dass zukünftige Handlungen und Ereignisse bereits fest geplant und Entscheidungen schon getroffen sind:
I'm going to call him tonight. *Ich* **werde** *ihn heute Abend* **anrufen.**

Und zum anderen dann, wenn man die unmittelbare Zukunft bereits sehen kann:
The sky is dark. It**'s going to rain** any minute. *Der Himmel ist dunkel. Es* **wird** *jede Minute* **anfangen zu regnen.**

ⓘ Going to lässt sich mit was und were auch in die Vergangenheit setzen: I **was going to** do the dishes, but then the phone rang ... *Ich* **wollte** *(eigentlich) abwaschen, doch dann klingelte das Telefon ...* Damit wird ausgedrückt, dass man etwas in der Vergangenheit tun wollte, es dann aber doch nicht getan hat.

10.3   Die Verlaufsform der Gegenwart für die Zukunft   A1

☼ Das Present progressive (▶ 8.2) wird für zukünftige Handlungen und Zustände, die feststehen und nicht nur geplant sind, verwendet:
I'm travelling round Scotland this summer. *Diesen Sommer* **reise** *ich durch Schottland.*

Der Unterschied zum Going to-Future ist gering; nicht selten sind beide Varianten austauschbar. Vergleichen Sie:
I'm meeting a friend on Monday. (Die Betonung liegt auf der festen Vereinbarung.)
I'm going to meet a friend on Monday. (Die Betonung liegt auf dem Vorhaben.)

10.4   Die einfache Gegenwart für die Zukunft   A1

Das Present simple (▶ 8.1) wird im Normalfall *nicht* für zukünftige Handlungen und Zustände benutzt, es sei denn, es handelt sich um Fahr- und Zeitpläne. Fast immer taucht eine genaue Zeitangabe auf:
The bus **arrives** at 10 tomorrow morning. *Der Bus* **kommt** *um 10 morgen früh.*
I **start** my new job on Monday. *Am Montag* **fange** *ich meinen neuen Job* **an.**

B1 10.5 **Die Verlaufsform der Zukunft**

Formen

☀ Das Future progressive bildet man, indem man in allen Personen will be ('ll be) vor den Infinitiv des Vollverbs stellt und -ing anhängt:

I **will be dancing** *ich werde (gerade dabei sein zu) tanzen* usw.

Fragen erhält man durch die Umstellung von Subjekt und will:
Will you be working all day tomorrow? *Wirst du* morgen den ganzen Tag arbeiten?

Verneinungen erhält man durch die Negation von will zu will not bzw. won't [wəʊnt]:
No, she **won't** be watching TV at 9 tomorrow morning. *Nein, morgen um 9 wird sie nicht fernsehen/nicht gerade dabei sein fernzusehen.*

Gebrauch

☀ Das Future progressive wird immer dann verwendet, wenn eine Handlung zu einem bestimmten Zeitpunkt in der Zukunft geschehen wird und zu diesem Zeitpunkt unabgeschlossen ist:
This time next year I'll be living in Spain. *Nächstes Jahr um diese Zeit werde ich in Spanien wohnen.*

B2 10.6 **Die einfache Form der vollendeten Zukunft**

Formen

Das Future perfect wird selten verwendet. Man bildet es, indem man in allen Personen die Hilfsverbkombination will have ('ll have) vor das Past participle (▷ 21.1) stellt:

I **will have danced** *ich werde getanzt haben* usw.
I **will have jogged** *ich werde gejoggt sein* usw.

Gefragt wird durch Umstellung von Subjekt und will:
Will I have danced? *Werde ich getanzt haben?*

Verneint wird durch die Negation von will zu won't [wəʊnt]:
I **won't** have danced *ich werde nicht getanzt haben.*

Gebrauch

Man verwendet das Future perfect für in der Zukunft abgeschlossene Handlungen und Zustände. Man schaut also von einem Zeitpunkt in der Zukunft auf bereits abgeschlossene Handlungen und Zustände zurück:

Three hours from now she **will have arrived** in London. *In drei Stunden wird sie in London angekommen sein.*

Beim Future perfect gibt es häufig ein Element der Unsicherheit, sodass man diese Zeitform auch dann verwendet, wenn man den Abschluss einer Handlung nur vermutet. Im Deutschen kann hier alternativ auch die vollendete Gegenwart verwendet werden:

I'm sure he **will have bought** the game. *Ich bin sicher, er wird das Spiel gekauft haben./Ich bin sicher, er hat das Spiel gekauft.*

⚡ Bei Tätigkeiten, die bis zu einem bestimmten Zeitpunkt in der Zukunft durchgeführt sein sollen, verwendet man **by** *bis (spätestens)* und nicht **until** *bis*:

Will she be done **by** 9 tonight? *Wird sie (bis) heute Abend um 9 fertig sein?*

10.7   Die Verlaufsform der vollendeten Zukunft   B2

Formen

Das Future perfect progressive ist äußerst selten. Man stellt will have been ('ll have been) vor den Infinitiv des Vollverbs und hängt -ing an:

I **will have been dancing** *ich werde (gerade) getanzt haben* usw.
I **will have been jogging** *ich werde (gerade) gejoggt sein* usw.

Fragen werden durch Umstellung von Subjekt und will geformt:
Will I have been dancing? *Werde ich getanzt haben?*
Will she really **have been travelling** for more than 14 months by the time she arrives in New York? *Wird sie wirklich mehr als 14 Monate unterwegs gewesen sein, wenn sie in New York ankommt?*

Verneinungen werden durch Negation von will zu won't [wəʊnt] gebildet:
I **won't** have been dancing. *Ich werde nicht (gerade) getanzt haben.*

Gebrauch

Das Future perfect progressive wird verwendet, um eine gerade abgeschlossene Handlung im Rückblick aus der Zukunft zu betonen: **By the time the train arrives in Edinburgh I will have been reading** nonstop for almost 4 hours. *Zu dem Zeitpunkt, wenn der Zug in Edinburgh ankommt,* **werde** *ich fast 4 Stunden ununterbrochen* **gelesen haben.**

Die Zukunftsformen im Überblick:

• Future simple	für allgemeine Vorhersagen, spontane Reaktionen, Versprechen, Vermutungen
• Going to-Future	für unmittelbar Bevorstehendes sowie Pläne und Absichten
• Present progressive	für bereits fest Beschlossenes und Arrangiertes
• Present simple	für Zeit-, Reise-, Fahr-, Flugpläne usw. in der Zukunft
• Future progressive	für Handlungen, die zu einem zukünftigen Zeitpunkt unabgeschlossen sein werden
• Future perfect simple	für Handlungen und Zustände, auf die man zu einem zukünftigen Zeitpunkt zurückblickt
• Future perfect progressive	für Handlungen, deren Dauer man betont und auf die man zu einem zukünftigen Zeitpunkt zurückblickt

11 Die vollendete Gegenwart

Hallo Doreen! Wie ist dein neues Hörgerät? – Ausgezeichnet! Ich habe mein Testament schon dreimal geändert.

Das Present perfect ist die für Deutsche wohl schwierigste Form des englischen Zeitensystems. Dabei gibt es einen einfachen Trick, sich diese Zeit vorzustellen:

☀ Das Present perfect bildet eine Verbindung von der Gegenwart zurück in die Vergangenheit. Es ist eine Brücke zwischen beiden Zeitstufen. Man steht gedanklich in der Gegenwart und schaut auf Handlungen und Zustände der Vergangenheit zurück.
I **have eaten** three apples today. *Ich habe heute drei Äpfel gegessen.*

Diese Handlungen und Zustände haben entweder in der Vergangenheit angefangen und halten in der Gegenwart noch an oder sie sind erst vor so kurzer Zeit abgeschlossen worden, dass ihre Auswirkungen noch relevant sind.
I **have been reading** for two hours. *Ich lese seit zwei Stunden.*

Es besteht also ein direkter Wirkungszusammenhang zwischen der Gegenwart und der Vergangenheit. Das ist ein deutlicher Unterschied zu den Formen des Past tense (▶ ❾), wo die Handlung in der Vergangenheit abgeschlossen wurde, der Zeitpunkt der Vergangenheit angehört und kein direkter Wirkungszusammenhang zur Gegenwart mehr besteht.

11.1 Die einfache Form der vollendeten Gegenwart

Formen

☀ Das Present perfect simple bildet man aus dem Hilfsverb to have + Past participle (3. Form des Vollverbs; ▷ **21.1**):

> I **have danced** *ich habe getanzt* usw.
> I **have jogged** *ich bin gejoggt* usw.

In der 3. Person Singular steht has + Past participle:

> He/she/it **has danced** *er/sie/es hat getanzt*
> he/she/it **has jogged** *er/sie/es ist gejoggt*

Außer in formellen Schreiben wird have zu 've und has zu 's zusammengezogen. Das kleine apostrophierte 's kann also sowohl has als auch is heißen. Hier gilt es, genau hinzuschauen und den Zusammenhang im Satz zu erkennen:

She's (She **is**) fourteen years old. *Sie ist vierzehn Jahre alt.*
She's (She **has**) never seen her grandmother. *Sie hat noch nie ihre Großmutter gesehen.*
He's (He **is**) reading the newspaper. *Er liest gerade die Zeitung.*
He's (He **has**) been reading the newspaper for half an hour. *Er liest seit einer halben Stunde die Zeitung.*

Wie bei allen Hilfsverben bildet man Fragen durch die Umstellung von Subjekt und Hilfsverb:
Have you seen him? *Haben Sie ihn gesehen?*
Has she eaten anything today? *Hat sie heute schon etwas gegessen?*

Verneinungen werden durch die Negation von have zu have not (haven't) bzw. has not (hasn't) gebildet:
No, I **haven't** seen him. *Nein, ich habe ihn nicht gesehen.*
No, she **hasn't** eaten anything today. *Nein, sie hat heute noch nichts gegessen.*

Ein yet am Ende eines negativen Satzes im Present perfect heißt *noch*:
No, I haven't seen him **yet**. *Nein, ich habe ihn noch nicht gesehen.*

Gebrauch

❶ Das Problem beim Present perfect liegt für Deutschsprachige darin, dass das deutsche Perfekt sowohl für deutlich vergangene Handlungen als auch für soeben erst abgeschlossene gebraucht werden kann: *Ich bin gestern angekommen* oder: *Ich bin gerade angekommen.*

Im Englischen *muss* der erste Satz im Past simple stehen, da *gestern* (yesterday) vorbei ist: I arrived yesterday. Der zweite Satz steht im Present perfect simple, weil die Ankunft erst vor wenigen Augenblicken geschehen ist und *kein* Zeitpunkt der Vergangenheit erwähnt wird: I have just arrived. Würde im zweiten Satz *vor 10 Minuten* stehen, so müsste auf Englisch wiederum Past simple verwendet werden, da *vor* ago einen Zeitpunkt der Vergangenheit anzeigt und vorbei ist: I arrived 10 minutes ago.

Der Satz im Present perfect wird also (vor allem im BE) so verstanden, dass das Ergebnis oder die Wirkung der Handlung (die Ankunft) für die Gegenwart wichtig ist. Im Past simple-Satz entscheidet das Adverb (▶ ❹) der Zeit (hier: ago) darüber, dass die Vergangenheit benutzt werden muss.

Um anzudeuten, dass eine Handlung oder ein Zustand für die Gegenwart noch relevant ist, kann man Wörter verwenden wie:

already *schon*   just *gerade*
up to now/so far/until now *bisher/bislang*
not yet *noch nicht* (für negative Sätze)

I've **just** finished reading *Mansfield Park. Ich habe* **gerade** *Mansfield Park zu Ende gelesen.*
I've called you three times **already**. *Ich habe dich* **schon** *dreimal angerufen.*
Up to now we've travelled through 13 countries. *Bislang sind wir durch 13 Staaten gefahren.*
No, he has**n't** returned from his business trip **yet**. *Nein, er ist* **noch nicht** *zurück von seiner Geschäftsreise.*

⚡ Im Present perfect-Satz darf keine Zeitangabe der Vergangenheit stehen.

Dennoch können Zeitangaben vorkommen, nämlich solche, die einen Zeitrahmen anzeigen, der noch *nicht* vergangen ist:

today *heute*	this week *diese Woche*
B1 lately *in letzter Zeit*	recently *vor Kurzem/in letzter Zeit*

I have already worked 23 hours **this week.** *Ich habe schon 23 Stunden in dieser Woche gearbeitet.*
Have you done anything interesting **recently**? *Hast du in letzter Zeit irgendetwas Interessantes getan?*
I haven't eaten anything **today.** *Ich habe heute noch nichts gegessen.*
Have you seen Mike **lately**? *Hast du Mike in letzter Zeit gesehen?*

So steht also eine Frage wie Have you ever …? *Hast du schon mal …?* ebenfalls im Present perfect, weil hier die Verbindung von der Geburt bis zur Gegenwart hergestellt wird und das Leben noch nicht abgeschlossen ist:
Have you ever danced all night? *Hast du schon mal die ganze Nacht getanzt?*

⚡ Kompliziert wird es, wenn eine Handlung in der Vergangenheit angefangen hat und in der Gegenwart noch anhält. Hier verwendet man im Deutschen das Präsens!
Ein Satz wie *Sie spielt seit 10 Jahren Tennis* muss im Present Perfect stehen: **She's played tennis for 10 years**, da hier eine Brücke zwischen beiden Zeiten geschlagen wird und die Tätigkeit noch anhält.
Hätte sie bereits mit dem Spielen aufgehört, würde der Satz She played tennis for 10 years mit *Sie spielte 10 Jahre lang Tennis* übertragen werden. Dieser Satz steht in beiden Sprachen in der Vergangenheit, weil die Tätigkeit vorbei ist.

Die Präposition (▷ 🔞) for kann je nach Satz *seit* (für Present perfect) und … *lang* (für Past tense) heißen. Für den Present perfect-Satz gibt es noch eine zweite Präposition mit derselben Bedeutung: since. Der Unterschied ist folgender:

Zeitraum	Zeitpunkt
for (für den Zeitraum bis heute)	since (für den Anfangspunkt der Handlung)
for 10 minutes *seit 10 Minuten*	since June 1 *seit dem 1. Juni*
for three years *seit drei Jahren*	since Sunday *seit Sonntag*
forever *schon immer*	since I was born *seit ich geboren wurde*
for ages *seit Ewigkeiten*	since he met her *seit er sie getroffen hat*
for half a year *seit einem halben Jahr*	since May *seit Mai*
for millions of years *seit Millionen von Jahren*	since I moved from London to Bath *seit ich von London nach Bath gezogen bin*
for quite a while *schon eine ganze Weile*	

➕ Since hat einen Punkt auf dem i und steht für einen Anfangspunkt.

👉 Wer amerikanische Filme oder Sitcoms im Original sieht, wird merken, dass Amerikaner in einigen Situationen das Past simple verwenden, wo Briten zum Present perfect simple greifen. Verallgemeinernd lässt sich sagen, dass im AE für eine Handlung, die gerade (just) vorüber ist, meist das Past simple verwendet wird: He just arrived. *Er ist gerade angekommen.* Man betont damit eher die – wenn auch erst kurz zuvor – abgeschlossene Handlung als die Wirkung dieser Handlung auf die Gegenwart.

Zum zweiten hört man im AE das Past simple auch in Verbindung mit ever *je(mals)/schon mal* und never *nie(mals)*:
That was the best movie I **ever saw**. *Das war der beste Film, den ich je gesehen habe.*
This was the worst restaurant I **ever ate** in. *Das ist das schlechteste Restaurant, in dem ich je gegessen habe.*
I **never kissed** a dog. *Ich habe noch nie einen Hund geküsst.*

Im BE verwendet man das Past simple im Zusammenhang mit ever *je(mals)* und never *nie(mals)* nur dann, wenn eindeutig ein abgeschlossener Zeitraum der Vergangenheit gemeint ist:
This is the worst restaurant I **ever ate** in when I lived in Oxford.
Das war das schlechteste Restaurant, in dem ich je gegessen habe, als ich in Oxford wohnte.
When I lived near Loch Ness I **never saw** the monster. *Als ich am Loch Ness wohnte, habe ich nie das Monster gesehen.*

11.2 Die Verlaufsform der vollendeten Gegenwart

Formen

☼ Für das Present perfect progressive stellt man have been vor den Infinitiv des Vollverbs und hängt -ing an:

> I **have been dancing** ich *tanze/ich habe gerade getanzt* usw.
> I **have been joggin**g ich *jogge/ich bin gerade gejoggt* usw.

Fragen werden wiederum durch Umstellung von Subjekt und Hilfsverb gebildet:
Have I been playing for only 10 minutes? *Spiele ich erst seit 10 Minuten?*

Bei Verneinungen wird have zu have not (haven't) bzw. has not (hasn't):
No, I **haven't** been playing for only 10 minutes. *Nein, ich spiele nicht erst seit 10 Minuten.*

Gebrauch

☼ Das Present perfect progressive wird weitgehend für Handlungen verwendet, die in der Vergangenheit angefangen haben und in der Gegenwart noch anhalten. Im Deutschen werden diese Sätze immer im Präsens wiedergegeben:
I**'ve been jogging** for 45 minutes. *Ich jogge seit 45 Minuten.*

Zusammenfassend lässt sich sagen, dass das Present perfect verwendet wird:
- für Handlungen, die in der Vergangenheit angefangen haben und noch anhalten.
- für vor kurzem abgeschlossene Handlungen und Zustände, deren Ergebnis oder Wirkung in der Gegenwart noch relevant ist.
- bei Fragen und Antworten mit *jemals* oder *schon mal*, wenn als Zeitraum das ganze Leben gemeint ist.

12 Die vollendete Vergangenheit   B1

Wie geht's Michael? – Schlecht. Gestern habe ich gesehen, dass er ein leeres Milchkännchen in den Kühlschrank gestellt hat. – Warum macht er das? – Für den Fall, dass jemand seinen Kaffee schwarz möchte, sagte er.

☼ Mit dem Past perfect drückt man Handlungen und Zustände der Vergangenheit aus, die *vor* anderen Handlungen oder Zuständen in der Vergangenheit stattfanden: daher der Name *vollendete* Vergangenheit.

Für einen Satz im Past perfect benötigt man daher in der Regel einen Bezugspunkt in der Vergangenheit, um auszudrücken, dass die Handlung bzw. der Zustand, den das Past perfect beschreiben soll, davor lag, z. B.:
When he came home she **had** already **gone** to bed. *Als er nach Hause kam, war sie bereits zu Bett gegangen.* Ihr Zu-Bett-Gehen fand vor seiner Ankunft statt und steht deshalb in der vollendeten Vergangenheit.

I **had** just **finished** my second cup of coffee when I noticed an old woman sitting in the corner of the café. I **hadn't seen** her before because I was busy reading the newspaper. *Ich hatte gerade meine zweite Tasse Kaffee getrunken, als ich eine alte Frau bemerkte, die in der Ecke des Cafés saß. Ich hatte sie zuvor nicht gesehen, weil ich damit beschäftigt war, die Zeitung zu lesen.* Auch bei diesem Beispiel hilft das Past perfect, die Reihenfolge der Ereignisse deutlich zu machen: Was geschah zuerst? Was ereignete sich daran anschließend?

12.1   Die einfache Form der vollendeten Vergangenheit

Formen

Das Past perfect wird gebildet, indem man in allen Personen das Hilfsverb **had** + Past participle (▷ **21.1**) zusammenstellt:

> I **had danced** *ich hatte getanzt* usw.
> I **had jogged** *ich war gejoggt* usw.

Fragen stellt man durch Umstellung von Subjekt und **had**:
Had she already gone to bed when he came home? *War sie bereits zu Bett gegangen, als er nach Hause kam?*

Verneinungen bildet man mit der Negation von **had** zu **had not (hadn't)**:
No, she **hadn't** gone to bed yet when he came home. *Nein, sie war noch **nicht** zu Bett gegangen, als er nach Hause kam.*

Gebrauch

Neben der in der Einleitung erläuterten Funktion, die mit der Verwendung des Plusquamperfekts im Deutschen übereinstimmt, ist das Past perfect wie auch das Present perfect (▷ **11**) und das Future perfect (▷ **10.6**) eine Zeitform, die eine Brücke zwischen zwei Zeiten bildet: Es verbindet die Vergangenheit mit einer davor liegenden Vergangenheit:
I **had** already **written** 20 letters when my boss told me the addresses were wrong. *Ich hatte bereits 20 Briefe geschrieben, als mein Chef mir sagte, dass die Adressen falsch seien.*

Reicht beim Present perfect die Vergangenheit bis an die Gegenwart heran, so reicht sie beim Past perfect von einer weiter zurückliegenden Vergangenheit an einen Zeitpunkt in der Vergangenheit heran.

Vergleichen Sie:

Present perfect:	Past perfect:
You are right on time,	You were right on time,
the film **has just begun.**	the film **had just begun.**
Du kommst genau richtig,	*Du kamst genau richtig,*
der Film hat gerade	*der Film hatte gerade*
angefangen.	*angefangen.*

Oder: Sie kommen zu Hause an, alle sitzen bei Tisch und jemand sagt:
Present perfect: We **have** just **started** eating. *Wir **haben** gerade mit dem Essen **begonnen**.*
Am kommenden Tag erzählen Sie es Ihrer Arbeitskollegin:
Past perfect: When I came home they **had** just **started** eating. *Als ich nach Hause kam, **hatten** sie gerade mit dem Essen **begonnen**.*

Und ein drittes Beispiel:
Present perfect: We **have lived** in Devon for almost 30 years now. *Wir **leben** nun seit fast 30 Jahren in Devon.*
Past perfect: We finally moved to London after we **had lived** in Devon for almost 30 years. *Schließlich sind wir nach London gezogen, nachdem wir fast 30 Jahre in Devon **gelebt hatten**.*

Da man beim Past perfect immer einen zweiten Referenzpunkt in der Vergangenheit benötigt, stehen in solchen Sätzen manchmal bestimmte Konjunktionen. Sie betonen, dass die eine Handlung beendet wurde, bevor die andere begann:

when *als*	before *bevor*	after *nachdem*
as *als*	as soon as *sobald*	although *obwohl*
because *da/weil*		

It started to rain **as soon as** I had cleaned my car. *Es begann zu regnen, **sobald** ich mein Auto gewaschen hatte.*
She didn't want to see the film **because** she hadn't read the book yet. *Sie wollte den Film nicht sehen, **da** sie das Buch noch nicht gelesen hatte.*
My wife went shopping **although** I had told her on the phone that I wanted to take her out for dinner. *Meine Frau ging einkaufen, **obwohl** ich ihr am Telefon gesagt hatte, dass ich sie zum Essen einladen wollte.*
She decided to study French **after** she had passed her exam. *Sie entschied sich, Französisch zu studieren, **nachdem** sie ihr Examen bestanden hatte.*

ⓘ Übrigens: Steht der Hauptsatz an vorderer Stelle, dann folgt ihm im Englischen kein Komma, es sei denn, der Satz ist sehr lang (▷ ⑰).

12.2   Die Verlaufsform der vollendeten Vergangenheit

Formen

Für das Past perfect progressive stellt man in allen Personen had been vor den Infinitiv des Vollverbs und hängt -ing an:

> I **had been dancing** *ich hatte (gerade) getanzt* usw.
> I **had been jogging** *ich war (gerade) gejoggt* usw.

Bei Fragen werden had und Subjekt umgestellt:
How long **had you** been waiting when I arrived? *Wie lange hattest du schon gewartet, als ich ankam?*

Für Verneinungen negiert man had zu had not (hadn't):
No, I **hadn't** been reading for hours when you turned off the light. *Ich war nicht schon seit Stunden dabei zu lesen, als du das Licht ausschaltetest.*

Gebrauch

☀ Hat eine Handlung längere Zeit vor einem Zeitpunkt in der Vergangenheit stattgefunden und reichte bis zu diesem Zeitpunkt heran, so verwendet man das Past perfect progressive:
When the bus finally arrived we **had been waiting** for half an hour. *Als der Bus endlich ankam, hatten wir bereits eine halbe Stunde gewartet.*
When I met her she **had been going out** with her boyfriend for three years. *Als ich sie kennenlernte, war sie bereits drei Jahre mit ihrem Freund zusammen.*

Man steht gedanklich in der Vergangenheit und schaut auf eine Handlung zurück, die in der davor liegenden Zeit begonnen hat und noch anhält oder erst vor Kurzem beendet wurde, deren Ergebnis, Resultat oder Wirkung aber noch relevant war:
When she woke up she realized she **had** only **been dreaming**. *Als sie aufwachte, merkte sie, dass sie nur geträumt hatte.*
I could smell it on her clothes – she **had been smoking**. *Ich konnte es an ihrer Kleidung riechen; sie hatte geraucht.*
He was totally exhausted he **had been working** for 20 hours. *Er war völlig erschöpft, er hatte 20 Stunden gearbeitet.*

Zum Unterschied zwischen einfacher Form und Verlaufsform

Wie beim Present perfect (▶ ⑪) betont das Past perfect simple das Resultat einer Handlung, während das Past perfect progressive die Tätigkeit als solche hervorhebt. Vergleichen Sie:

Past perfect simple:	Past perfect progressive:
When I finished work	When I finished work
I **had written 50 emails.**	I **had been writing emails for 5 hours.**
Als ich mit der Arbeit aufhörte, hatte ich 50 E-Mails geschrieben.	*Als ich mit der Arbeit aufhörte, hatte ich 5 Stunden lang E-Mails geschrieben.*
(Resultat)	(Tätigkeit)
In the evening my eyes hurt – I **had read** 200 pages.	In the evening my eyes hurt – I **had been reading** all day.
*Abends taten mir die Augen weh; ich **hatte** 200 Seiten **gelesen.***	*Abends taten mir die Augen weh; ich **hatte** den ganzen Tag **gelesen.***

Zum Unterschied zwischen Past perfect progressive und Past progressive

B1

Im Kapitel zum Past tense (▶ ⑨) wurde erläutert, dass bei zwei Handlungen in der Vergangenheit eine davon häufig im Past progressive steht. Sie bildet dann den Hintergrund für die zweite Handlung, die im Past simple genannt wird:

When he left the house it **was raining.** *Als er das Haus verließ, regnete es (gerade).*

Der Regen hatte vor dem Verlassen des Hauses angefangen und hielt noch an.

Dieser Satz im Past perfect progressive lautet:

When he left the house he saw it **had been raining.** *Als er das Haus verließ, sah er, dass es geregnet hatte.*

Der Satz betont die Tätigkeit des Regnens, die jedoch bereits aufgehört hatte, als er das Haus verließ (die Straße ist jedoch noch feucht). Häufig stehen in diesen Sätzen Zeitangaben wie for 30 minutes *seit 30 Minuten* usw.

Zum Abschluss noch ein weiterer Vergleich mit den vier Formen von Past tense und Past perfect:

When Jane came home we had dinner. (Past simple)
we were having dinner. (Past progressive)
we had had dinner. (Past perfect simple)
we had been eating for 20 minutes. (Past perfect progressive)

Past simple	= *Jane kam an und dann wurde gegessen.*
Past progressive	= *Jane kam an und man war gerade dabei zu essen.*
Past perfect simple	= *Jane kam an und man hatte bereits gegessen.*
Past perfect progressive	= *Jane kam an und man war schon seit 20 Minuten dabei zu essen.*

ⓘ Das englische Zeitensystem ist weitaus komplexer und rigider als das deutsche. Während man im Deutschen – vor allem in der gesprochenen Sprache – mit den beiden Zeiten Gegenwart und vollendete Gegenwart fast alles verständlich ausdrücken kann, muss man im Englischen weitaus mehr Zeiten und Formen beherrschen, um nicht missverstanden zu werden.

Vor allem die unterschiedlichen Nuancen der Vergangenheitsformen sowie die Verwendung der ing-Formen sind in diesem Zusammenhang wichtig. Das gilt auch für das gesprochene, alltägliche Englisch, in dem fast alle der zwölf Formen angewendet werden.

Mag Englisch auch im Großen und Ganzen zunächst eine einfach zu erlernende Sprache sein, das englische Zeitensystem hat es in sich und benötigt volle Aufmerksamkeit und Konzentration.

13 Das Hilfsverb   A1

Sollten Sie nicht im Büro sein und einen Internetkurs machen? – Aber das tue ich doch. Ich lerne surfen.

13.1 Das vollständige Hilfsverb   A1

Es gibt drei vollständige Hilfsverben: **to be** *sein/werden*, **to do** *tun* und **to have** *haben*. Sie bilden alle Zeiten und Formen aus.

Als Hilfsverben gebraucht man sie für die zusammengesetzten Zeit- und Verbformen: **to be** für alle Verlaufsformen und das Passiv (▷ **16**); **to do** für Fragen und Verneinungen (▷ **14**), und **to have** für die drei Perfektzeiten Present perfect (▷ **11**), Past perfect (▷ **12**) und Future perfect (▷ **10.6**).

13.2 Das unvollständige Hilfsverb   A1

Formen
Die unvollständigen Hilfsverben lauten:

can *können*	could *konnte/könnte*	must *müssen*
A2 may *dürfen*	will *wollen/werden*	should *sollte*
shall *sollen*	must not *nicht dürfen*	**B1** ought to *sollen*
would *würde*	**B1** might *dürfte*	

die Sonderform **have got** *haben*, **need** *brauchen* (nur im BE)

Sie haben folgende Eigenschaften:
• Sie sind nur in der Gegenwart zu verwenden (◖ Ausnahme: **can → could**).

137

- Sie werden immer mit einem Vollverb verbunden (◖ Ausnahme: Frageanhängsel und Kurzantworten ▷ ⑭).
- Sie hängen kein **-s** in der 3. Person Singular des Present tense an (◖ Ausnahme: **has got**).
- Es gibt weder Infinitiv noch Verlaufsform noch Partizip.
- Fragen erfolgen durch Umstellung von Subjekt und Hilfsverb.
- Bei Verneinungen mit **not** werden oft die zusammengezogenen Formen **can't**, **couldn't**, **haven't got/hasn't got**, **mightn't**, **mustn't**, **needn't**, **shouldn't** und **wouldn't** gebraucht.
- Allein stehen sie nur bei Frageanhängseln und Kurzantworten.
- Nachfolgende Infinitive werden ohne **to** angeschlossen (◖ Ausnahme: **ought to**, **have got to**).
- **B1** • Mit Hilfsverb + **have** + Past participle drückt man häufig Mögliches und Vergangenes aus.

A1 ## can/could – Ersatzform: **B1** be able to
Can *können* verwendet man für:
- körperliche und geistige Fähigkeiten von Menschen, Leistungsfähigkeit von Dingen (Gegenwart):
  I can read English, but I can't speak it. *Ich kann Englisch lesen, aber ich kann es nicht sprechen.*
  My new car can do 220 kph. *Mein neues Auto fährt 220 km/h.*
- Bitten und Fragen um Erlaubnis, Hilfsangebote:
  Can you lend me some money? *Kannst du mir etwas Geld leihen?*
  Can I help you? *Kann ich dir helfen?*
- Zukünftiges:
  She's good, she can win the A2 match. *Sie ist gut, sie kann das Match gewinnen.*

Could *konnte/könnte* verwendet man für:
- körperliche und geistige Fähigkeiten von Menschen, Leistungsfähigkeit von Dingen (Vergangenheit):
  I couldn't understand what he said. *Ich konnte nicht verstehen, was er sagte.*
- Mögliches in Gegenwart und Zukunft, Wünsche, höfliche Bitten:
  It could rain tonight. *Es könnte heute Abend regnen.*
  Could I have some more tea, please? *Könnte ich bitte noch etwas Tee haben?*

- **could have** + Past participle für Mögliches und Nicht-Realisiertes in der Vergangenheit: `B1`
  You **could have warned** me. *Du hättest* mich *warnen können.*

must – Ersatzform: have (got) to `A1`
Die Benutzung von **must** entspricht etwa der des deutschen *müssen.*
Must wird verwendet für:
- innere Verpflichtungen, Zwänge und Notwendigkeiten:
  I **must** see this film. *Ich muss diesen Film sehen.*
  Must I do the dishes again? *Muss ich wieder abspülen?*
- Schlussfolgerungen:
  The phone is ringing. That **must** be Aunt Sally. *Das Telefon klingelt. Das muss Tante Sally sein.*
- **must have** + Past participle für Gewissheiten: `B1`
  There was a red car in front of their house. It **must have been** Robert. *Da war ein rotes Auto vor ihrem Haus. Das muss Robert gewesen sein.*

⚡ Ferner ist Folgendes zu beachten:
- die Vergangenheitsform *musste* heißt **had to**:
  I **had to** work late. *Ich musste lange arbeiten.*
- *nicht müssen/nicht brauchen* heißt **do not have to, do not need to** oder im BE **need not**:
  You **don't have/don't need** to do your homework now./You **needn't do** your homework now. *Du musst/brauchst deine Hausaufgaben jetzt nicht (zu) machen.*

Wenn von einer Verpflichtung gesprochen wird, dann drückt **must** häufig einen von innen kommenden Wunsch aus, während **have (got) to** eine eher von außen herangetragene Pflicht meint.

must not – Ersatzform: be not allowed to `A2`
Die Verneinung **must not** heißt *nicht dürfen.* Man gebraucht sie für:
- Verbote (stärker als **should not** *sollte nicht*):
  You **mustn't** lock this door at night. *Du darfst diese Tür nachts nicht zuschließen.*
  Tell the girls they **mustn't** walk through the park at night. *Sag den Mädchen, sie dürfen nachts nicht durch den Park gehen.*

A2 **need – Ersatzform: have (got) to**

Need *brauchen/müssen* wird als Vollverb und im BE auch als Hilfsverb verwendet. (☛ Amerikaner benutzen eher have (got) to und don't have to.) Als Hilfsverb steht need häufig:

- in Fragen oder negativen Sätzen:
  Need I clean the windows again? *Muss ich schon wieder die Fenster reinigen?*
  You **needn't** tell him about my accident. *Du musst/brauchst ihm von meinem Unfall nicht zu erzählen.*

B1 - needn't have + Past participle für Handlungen in der Vergangenheit, die nicht notwendig waren:
  You **needn't have reserved** a table. *Du hättest keinen Tisch zu reservieren brauchen.*

A2 **will/would – Ersatzform: want**

Will *werden* verwendet man vor allem zur Bildung des Will-Future (▷ **10**); would *würde* zur Bildung von Konditionalsätzen (▷ **22**).

Will gebraucht man weiterhin für:
- höfliche Aufforderungen und im Sinne von *wollen*:
  Will you open the door, please? *Willst du bitte die Tür aufmachen?/Machst du bitte die Tür auf?*
  My car **won't** start. *Mein Auto will nicht anspringen.*

B1 - will have + Past participle für Wahrscheinlichkeiten:
  They **will have missed** the train. *Sie werden den Zug verpasst haben.*

Would gebraucht man weiterhin für:
- höfliche Fragen und im Sinne von *wollen*:
  Would you like some more tea? *Möchten/Wollen Sie noch etwas Tee?*
  He **wouldn't** tell anyone where he was. *Er wollte niemandem sagen, wo er war.*
- typisches Verhalten in der Vergangenheit (s. auch used to ▷ **9.1**):
  On Saturday mornings she **would** always go jogging for two hours. *Früher ging sie Samstagmorgens immer zwei Stunden lang joggen.*

- **B1** would have + Past participle für Irreales in der Vergangenheit:
  I'm sure she **would have called**. *Ich bin sicher, sie hätte angerufen.*

may/might – Ersatzform: be allowed to   **A2**

May *dürfen/mögen* wird gebraucht für:
- höfliche Bitten und Wünsche (höflicher als can *können*):
  May I come in? *Darf ich reinkommen?*
  May God bless you! *Möge Gott dich segnen!*
- **B1** may have + Past participle für Vermutungen in Gegenwart und Vergangenheit:
  My car's gone! – Your wife **may have taken** it. *Mein Auto ist weg! – Vielleicht hat's deine Frau genommen?*

Might *dürfte/könnte* steht für:
- Mögliches in Gegenwart und Zukunft:
  It **might** rain tonight. *Es könnte/dürfte heute Abend regnen.*
- might have + Past participle für Vermutungen in Gegenwart und   **B1** Vergangenheit:
  Who **might have told** her about the letter? *Wer mag ihr von dem Brief erzählt haben?*

May und might im Sinne von *vielleicht* für:
- Voraussagen und mögliche Begebenheiten in Gegenwart und Zukunft:
  We **may/might** go dancing later today. *Vielleicht gehen wir später tanzen.*

shall/should/ **B1** ought to – Ersatzform: be supposed to   **A2**

In den 1. Personen Singular und Plural heißt shall *werden* und drückt damit etwas Zukünftiges aus. Im Sinne von *sollen* steht shall nur in:
- Fragen und Aufforderungen:
  Shall I make some tea? *Soll ich Tee machen?*
  You **shall** not lie. *Man soll/Du sollst nicht lügen.*

Für Verpflichtungen, Erwartungen und Vermutungen mit *sollen* verwendet man in Gegenwart und Vergangenheit be supposed to *sollen*:

He **is supposed** to take one pill every morning. *Er soll jeden Morgen eine Pille nehmen.*
You **were supposed** to read the whole article. *Ihr solltet den ganzen Artikel lesen.*
They **are supposed** to be quite rich. *Sie sollen ziemlich reich sein.*

Should *sollte/müsste* gebraucht man für:
• Vermutungen und Vorschläge:
  We **should** end the meeting. *Wir sollten die Sitzung beenden.*
  His coat is hanging in the **B1** hall. He **should** be in his room. *Sein Mantel hängt im Flur. Er müsste in seinem Zimmer sein.*
B1 • should have + Past participle für relative Gewissheiten:
  She's clever. She **should have passed** the test. *Sie ist klug. Sie sollte/müsste den Test bestanden haben.*

B1 Ought to entspricht should, ist aber noch dringlicher:

You **ought** to see a doctor. *Du solltest (unbedingt) zum Arzt gehen.*
You **ought to have told** her that. *Du hättest es ihr sagen sollen.*

A1 13.3 **Das Vollverb to have und die Sonderform have got**

Ist have *haben* Vollverb, bildet es Fragen und Verneinungen mit do/does/did; have got *haben* hingegen wird wie ein Hilfsverb behandelt. In ihrer Bedeutung sind beide Formen gleich.

	have	**have got**
Present tense	I **have** two houses. *Ich habe zwei Häuser.*	I **have got** two houses. *Ich habe zwei Häuser.*
Frage	How many houses **do** you **have**? *Wie viele Häuser hast du?*	How many houses **have** you **got**? *Wie viele Häuser hast du?*
Verneinung	I **don't have** three houses, I have two. *Ich habe keine drei Häuser, ich habe zwei.*	I **haven't got** three houses, I've got two. *Ich habe keine drei Häuser, ich habe zwei.*
Past tense	I **had** two houses. *Ich hatte zwei Häuser.*	
Frage	How many houses **did** you **have**? *Wie viele Häuser hattest du?*	
Verneinung	I **didn't have** two houses. *Ich hatte keine zwei Häuser.*	

14 Fragen und Verneinung

> **What happened to you?**
>
> **I started to walk through a revolving door and I changed my mind.**

Was ist denn mit dir passiert? – Ich bin in eine Drehtür rein und habe dann meine Meinung geändert.

14.1 Fragen

Es gibt im Englischen drei Möglichkeiten, eine Frage zu stellen:

- mit den drei Formen des vollständigen Hilfsverbs to do (▷ ⑬): do, does und did
- mit unvollständigen Hilfsverben (▷ ⑬) wie can *können*, must *müssen* oder will *werden*
- in eingeschränktem Maße mit have/has und had

Fragen bei Vollverben

☀ Bei allen Vollverben bildet man Fragen in der Gegenwart mit do (oder does in der 3. Person Singular) sowie did in der Vergangenheit. Subjekt und Verb werden dabei nicht vertauscht und das Vollverb steht im Infinitiv (ohne to). Im Deutschen bleiben do/does und did unübersetzt:

> **Do** you **like** Swiss cheese? *Mögen Sie/Magst du Schweizer Käse?*
> **Does** he **live** in Basel? *Wohnt er in Basel?*
> **Did** they **talk** to the new bank manager? *Haben sie mit dem neuen Filialleiter gesprochen?*

Fragen bei Hilfsverben

☀ Bei den Hilfsverben und to be werden Fragen wie im Deutschen durch die Umstellung von Subjekt und Hilfsverb gebildet:

can *können*, could *könnte/konnte*, must *müssen*, need *brauchen* (nur im BE), will *wollen/werden*, **A2** may *dürfen*, must not *nicht dürfen*, shall *sollen*, should *sollte*, would *würde*, **B1** might *dürfte*, ought to *sollen* sowie have got *haben*:

> **Can you** hear me? *Kannst du mich hören?*
> **Is she** from Germany or Austria? *Ist sie aus Deutschland oder Österreich?*

Auch Fragen in den Verlaufsformen folgen dieser Systematik:

> **Are you following** the **A2** match? *Verfolgst du das Spiel?*
> **Will he** be play**ing** football tomorrow? *Wird er morgen Fußball spielen?*

Have/has und had verwendet man als Hilfsverb im modernen Englisch nur für Fragen im Present perfect (▷ ⑪) und Past perfect (▷ ⑫):
Has he put back the bike? *Hat er das Fahrrad zurückgestellt?*
B1 **Had you seen** him before he left the house? *Hattest du ihn gesehen, bevor er das Haus verließ?*
Wird to have als Vollverb verwendet, bildet man Fragen wie bei jedem anderen Vollverb mit do/does oder did.

A1 **Das Interrogativpronomen**
☼ Häufig verwendet man bei Fragen Interrogativpronomen. Man stellt sie vor do/does/did oder das Hilfsverb.
Die Interrogativpronomen lauten:
- who *wer*   what *was, was für ein/e/s*   why *warum*
- who(m) *wem, wen*   where *wo*   when *wann*
- whose *wessen*   which *welche/r/s*   how *wie*

> **Why do** you get up at 6 every morning? *Warum stehst du jeden Morgen um 6 auf?*
> **How can** I get to the airport? *Wie kann ich zum Flughafen kommen?*

A2 • Fragen mit who/whom *wem* oder who *wen*:
Bei Fragen mit *wem* (Dat.) oder *wen* (Akk.) hat man mehrere Möglichkeiten. Im gesprochenen Englisch verwendet man für beide who:

Who did you give the hammer (to)? *Wem hast du den Hammer gegeben?*
Who did he meet in Alaska? *Wen hat er in Alaska getroffen?*

Förmlicher ist whom:

Whom did you give the hammer (to)? *Wem hast du den Hammer gegeben?*
Whom did he meet in Alaska? *Wen hat er in Alaska getroffen?*

Wird *wem* oder *wen* mit einer Präposition verbunden (*mit wem, für wen* usw.), so steht diese am Ende der Frage und nur bei sehr förmlicher Ausdrucksweise vor whom:

Who did he go to the concert **with**? *Mit wem ist er ins Konzert gegangen?*
For whom did they buy it? *Für wen haben sie es gekauft?*

- Fragen nach dem Subjekt: **A1**
⚡ Eine Ausnahme bilden Fragen nach dem Subjekt (Nominativ, *wer* oder *was*). Hier verwendet man who und what ohne do/does/did. Bitte vergleichen Sie:

Objektfrage:	**Who** did she hurt? *Wen hat sie verletzt?*
Subjektfrage:	**Who** hurt her? *Wer hat sie verletzt?*
Objektfrage:	**What** did he stop? *Was hat er angehalten?*
Subjektfrage:	**What** stopped him? *Was hat ihn angehalten?*

- Fragewörter mit Präpositionen: **A2**
☀ Soll ein Fragewort mit einer Präposition verbunden werden, so steht diese anders als im Deutschen in der Regel am Ende der Frage:

Who did he carry the suitcase **for**? *Für wen hat er den Koffer getragen?*
What are they talking **about**? *Worüber reden sie?*
Where do you come **from**? *Woher kommst du?*

A1 ### 14.2 Verneinung

☀ Alle Vollverben werden verneint, indem man in der Gegenwart do not (don't) – in der 3. Person Singular does not (doesn't) – und in der Vergangenheit did not (didn't) vor den Infinitiv (ohne to) setzt.

Übersetzt werden diese Konstruktionen mit *nicht*:

> I **do not (don't)** remember her. *Ich erinnere mich **nicht** an sie.*
> She **does not (doesn't)** think you're right. *Sie glaubt **nicht**, dass du recht hast.*
> They **did not (didn't)** lock the door. *Sie haben die Tür **nicht** verschlossen.*

☀ Alle Hilfsverben und to be-Formen sowie die Formen von to have im Present und Past perfect verneint man mit not:

> He **cannot (can't)** remember her name. *Er **kann** sich **nicht** an ihren Namen erinnern.*
> They **are not (aren't)** from Canada. *Sie **sind nicht** aus Kanada.*
> No, I **have not (haven't)** seen him yet today. *Nein, ich **habe** ihn heute noch **nicht** gesehen.*

Soll nicht das Verb, sondern ein anderes Satzglied verneint werden, kommt not vor das jeweilige Satzglied:

> It was **not** Maggie who she met at the party. *Es war **nicht** Maggie, die sie auf der Party traf.*
> Yes, you did the dishes, but this cup is **not** clean. *Ja, du hast abgespült, doch diese Tasse ist **nicht** sauber.*

A1 **Die verneinte Frage**
☀ Verneinte Fragen werden bei Vollverben ebenfalls mit do/does und did gebildet:

> **Don't** you go to work by bus? *Fahren Sie **nicht** mit dem Bus zur Arbeit?*
> **Doesn't** Jenny look like her mother? *Sieht Jenny **nicht** aus wie ihre Mutter?*
> **Didn't** he die in Las Vegas? *Ist er **nicht** in Las Vegas gestorben?*

❶ Do/does und did lassen sich übrigens auch verwenden, um Vollverben in Aussagesätzen eine besondere Betonung zu geben. Im Deutschen erhält man dieselbe Wirkung durch die Verwendung von Begriffen wie *wirklich* oder *tatsächlich*:

I **do** like her. *Ich mag sie **wirklich**.*
She doesn't read much, but she **did** read *The Lord of the Rings*. *Sie liest (ja) nicht viel, aber sie hat **tatsächlich** den Herrn der Ringe gelesen.*

14.3 Kurzantworten A1

❶ Im Englischen ist es üblich, bei der Beantwortung einer Frage die Verbform zu wiederholen. Bei Vollverben geschieht das mit do/does und did. Bei negativen Antworten verneint man mit do not/does not/did not:

Did it rain yesterday? – Yes, **it did**. *Hat es gestern geregnet? – Ja, (es hat).*
Does the sun set in the east? No, **it doesn't**. *Geht die Sonne im Osten unter? – Nein, (geht sie nicht).*

Bei allen Hilfsverben (▷ ⓭) und to be wird bei der Kurzantwort ebenfalls das jeweilige Verb wiederholt:

Should I talk to her? – Yes, you **should**. *Sollte ich mit ihr reden? – Ja, solltest du.*
Can you drive? – No, I **can't**. *Kannst du Auto fahren? – Nein, kann ich nicht.*

14.4 Frageanhängsel A1

☼ Frageanhängsel sind kleine Fragen am Ende eines Satzes, die der Zustimmung des Gesagten dienen. Bei Vollverben fragt man mit do/does oder did nach und verwendet die negative Form, wenn das Vollverb in der positiven Form steht und umgekehrt. Das Frageanhängsel sollte in derselben Zeitform stehen wie das Vollverb und das Subjekt durch ein Pronomen ersetzt werden:

You **live** in London, **don't** you? *Du wohnst in London, nicht wahr?*
The Jacksons **don't** like her, **do** they? *Die Jacksons mögen sie wohl nicht?*
The cat **slept** on the sofa, **didn't** she? *Die Katze hat auf dem Sofa geschlafen, oder?*

Sätze mit Hilfsverben (▷ ⓫) oder einer Form von to be werden ebenso behandelt:

She **can** stay at home alone, **can't** she? *Sie kann doch allein zu Hause bleiben, nicht wahr?*
You **aren't** fourteen, **are** you? *Du bist doch nicht vierzehn, oder?*

Einige Besonderheiten gilt es zu beachten:
- Das Frageanhängsel für I'm ist aren't I?
  I'm 98 years old, **aren't I**? *Ich bin 98 Jahre alt, nicht wahr?*
- An Imperative hängt man gern would you? oder will you? (höflich auch won't you?) an.
  Pass me the sugar, **would you**? *Reichst du mir den Zucker, bitte?*
  She **won't** be here, **will she**? *Sie wird doch nicht hier sein?*
- Bei Aufforderungen mit let's antwortet man mit shall we?
  Let's have a drink, **shall we**? *Gehen wir zusammen etwas trinken, einverstanden?*
- An das Vollverb to have kann man haven't/hasn't oder does/doesn't anhängen.
  You **have** six kids, **haven't you/don't you**? *Sie haben sechs Kinder, nicht wahr?*

15 Das Gerund

A2

Haben Sie etwas dagegen, wenn ich rauche? – Von mir aus können Sie auch brennen, wenn Sie wollen.

Formen

Ein Gerund ist ein Substantiv, dem ein Verb zugrunde liegt. Formal ist es mit der ing-Form des Verbs identisch:

Infinitiv: **to dance** *tanzen* + **-ing** → Gerund: **dancing** *(das) Tanzen*

Es gibt mehrere Erscheinungs- und Verwendungsformen für ing-Formen:
- als Verlaufsform:
  I'm dancing in the rain. *Ich tanze (gerade) im Regen.*
- als Adjektiv:
  She's got a **dancing** lesson. *Sie hat eine Tanzstunde.*
- in zusammengesetzten Substantiven:
  dancing shoes *Tanzschuhe*
- als Gerund (Subjekt):
  Dancing is fun. *(Das) Tanzen macht Spaß.*
- als Gerund (Objekt):
  I enjoy **dancing** in the rain. *Ich genieße es, im Regen zu tanzen. (Ich genieße das Tanzen im Regen.)*

15.1 Das Gerund als Subjekt

A2

☀ Sehr viele Verben lassen sich in Form des Gerunds als Subjekt eines Satzes verwenden:

Downloading computer games from the Internet can be dangerous.
Das Herunterladen von Computerspielen aus dem Internet kann gefährlich sein.
Ironing shirts is one of the most boring activities. *Das Bügeln von Hemden ist eine der langweiligsten Tätigkeiten.*

Die umständliche Übersetzung des letzten Satzes zeigt, dass man im Deutschen eher eine Infinitivkonstruktion wählen würde – *Hemden zu bügeln, ist ...* –, womit eine wichtige Besonderheit beim Gerund benannt ist: Im Deutschen übersetzt man ein Gerund meist mit einem Infinitiv mit *zu*.

Auch nach einer Form von to be folgt als Subjekt-Ergänzung ein Gerund:

The only thing I do on Sundays **is reading** the newspaper.
Das Einzige, was ich sonntags tue, ist Zeitung zu lesen.

A2 **15.2 Das Gerund als Objekt**

☀ Das Gerund der meisten Verben lässt sich auch als Objekt eines Satzes verwenden:

I love **jogging.** *Ich liebe (das) Joggen./Ich liebe es zu joggen.*
There is no **knowing.** *Man kann nie wissen. (Wörtlich: Es gibt keine Kenntnis.)*

Dem Gerund kann man häufig ein eigenes Objekt anhängen:

He stopped **smoking cigarettes.** *Er hat aufgehört, Zigaretten zu rauchen.*

Bei einigen Verben und Phrasen kann ein Possessivpronomen oder eine Genitivform vor das Gerund gestellt werden:

Do you mind **my/Jane's** smoking? *Haben Sie etwas dagegen, wenn ich rauche/Jane raucht?*

Das Gerund nach Verben

A2

Es ist schwierig zu erkennen, wann ein Gerund verwendet werden kann und wann, wie im Deutschen, eine Konstruktion mit Infinitiv und to zu nehmen ist. Es gibt eine ganze Reihe von Verben, denen ein Gerund und *kein* Infinitiv folgen muss:

They suggested **going** to the cinema. *Sie haben vorgeschlagen, ins Kino **zu gehen**.*

She finished **repairing** the car. *Sie hat das Auto fertig **repariert**.*

Hier eine Liste mit häufig verwendeten Verben mit Gerund. Ein * hinter dem Verb bedeutet, dass auch ein Infinitiv folgen kann, ohne dass sich die Bedeutung des Ausdrucks ändert:

Verb + Gerund

to begin doing sth.*	*etw. anfangen/beginnen etw. zu tun*
to miss doing sth.	*verpassen/versäumen/vermissen etw. zu tun*
to enjoy doing sth.	*genießen etw. zu tun*
to finish doing sth.	*mit etw. fertig werden etw. abschließen*
to like doing sth.*	*etw. gern tun*
to love doing sth.*	*sehr mögen (lieben) etw. zu tun*
to remember doing sth.	*sich daran erinnern etw. getan zu haben*
to start doing sth.*	*anfangen etw. zu tun*
to stop doing sth.	*aufhören etw. zu tun*
to suggest doing sth.	*vorschlagen etw. zu tun*
to admit doing sth.	*zugeben etw. getan zu haben*
to avoid doing sth.	*es vermeiden etw. zu tun*
to hate doing sth.*	*hassen etw. zu tun*
to imagine doing sth.	*sich vorstellen etw. zu tun*
to mind doing sth.	*etw. dagegen haben etw. zu tun*
to practise doing sth.	*etw. üben*
to risk doing sth.	*riskieren etw. zu tun*
can't help doing sth.	*nicht anders können, als etw. zu tun*
to consider doing sth.	*erwägen/daran denken etw. zu tun*
to continue doing sth.*	*mit etw. weitermachen/etw. fortführen*
to dislike doing sth.	*es nicht mögen etw. zu tun*
to postpone doing sth.	*etw. zu tun verschieben*
to resist doing sth.	*widerstehen etw. zu tun*

B1

B2

Die Anzahl der Verben, denen ein Gerund folgt, scheint groß. Bei der Mehrzahl der alltäglichen Verben allerdings folgt ein Infinitiv mit to: to want *wollen*, to decide *sich entscheiden*, to plan *planen*, to promise *versprechen*, to choose *wählen* usw.

A2 **Das Gerund nach Präpositionen**

☀ Steht hinter einem Verb eine Präposition (▷ ⑲), so folgt in der Regel ein Gerund.

Is this a good knife **for cutting** meat? *Ist das ein gutes Messer, um Fleisch zu schneiden?*
He drove to Amsterdam **without stopping**. *Er fuhr nach Amsterdam, ohne anzuhalten.*

Einige häufig verwendete Verben mit Präposition + Gerund:

Verb + Präposition + Gerund	
to believe in doing sth.	*glauben an etw., was man tut*
to feel like doing sth.	*Lust haben etw. zu tun*
to talk about doing sth.	*davon reden, dass man etw. tun will*
to think of doing sth.	*daran denken etw. zu tun*
to worry about doing sth.	*sich darüber Sorgen machen, dass man etw. tun muss*
B1 to carry on doing sth.	*fortfahren etw. zu tun*
to dream of doing sth.	*davon träumen etw. zu tun*
to keep (on) doing sth.	*etw. weiter(hin) tun/mit etw. weitermachen*
B2 to insist on doing sth.	*darauf bestehen etw. zu tun*
to prevent sb. from doing sth.	*verhindern, dass jd. etw. tut*
to succeed in doing sth.	*es schaffen etw. zu tun*

Dieses Prinzip gibt es auch in einer Reihe von Wendungen mit Substantiven und Adjektiven:

Substantiv + Präposition + Gerund	
to be in danger of doing sth.	*Gefahr laufen etw. zu tun*
B1 to take the risk of doing sth.	*riskieren etw. zu tun*
B2 to have difficulty (in) doing sth.	*sich schwer tun etw. zu tun*
for fear of doing sth.	*aus Angst etw. zu tun*

Adjektiv + Präposition + Gerund

to be good/bad at doing sth.	*gut/schlecht sein in etw.*
to be interested in doing sth.	*interessiert sein etw. zu tun (als Wunsch)*
to be tired of doing sth.	*es satt haben etw. zu tun*
B2 to be (in)capable of doing sth.	*(un)fähig sein etw. zu tun*

Verb/Adjektiv + to + Gerund   **A2**

⚡ Bei der Präposition to muss man achtgeben: Gehört to zum vorangehenden Verb oder Adjektiv, dann folgt dieser Konstruktion ebenfalls ein Gerund. Das to ist dann kein Kennzeichen eines Infinitivs (**to dance**), sondern gehört zum vorhergehenden Verb oder Adjektiv. Statt des Gerunds kann in diesem Fall auch ein anderes Objekt folgen, was bei einem Infinitiv-to nicht geht.

to look forward to + Gerund:	We **look forward to hearing** from you. *Wir freuen uns, von Ihnen zu hören.*
to look forward to + Objekt:	We **look forward to the party.** *Wir freuen uns auf die Party.*

Weitere Konstruktionen dieser Art sind:

B2 to object to doing sth.	*etw. gegen etw. einzuwenden haben*
to be used to doing sth.	*gewohnt sein etw. zu tun*
to get accustomed to doing sth.	*sich daran gewöhnen etw. zu tun*
to get around to doing sth.	*dazu kommen etw. zu tun*
to prefer doing sth. to doing sth.	*etw. etw. vorziehen*
in addition to doing sth.	*außer/zusätzlich zu etw., was man tut*

I'm not used to riding my bike to work. *Ich bin nicht daran gewöhnt, mit dem Fahrrad zur Arbeit zu fahren.*
How long did it take you to **get accustomed to living** without a car? *Wie lange hast du gebraucht, dich daran zu gewöhnen, ohne Auto zu leben?*

A2 Infinitiv oder Gerund mit Bedeutungsunterschied

⚡ Bei einigen wenigen Verben ändert sich die Bedeutung, je nachdem, ob ein Infinitiv oder ein Gerund folgt:

to **go on doing** sth.	etw. fortsetzen/weitermachen
They went on playing golf.	Sie spielten weiter Golf (wie zuvor).
to **go on to do** sth.	mit etw. anderem weitermachen
They went on to play golf.	Sie machten weiter mit Golf (nachdem sie vorher etwas anderes gemacht hatten).
to **remember doing** sth.	sich erinnern etw. getan zu haben
She remembered calling him.	Sie erinnerte sich daran, ihn angerufen zu haben.
to **remember to do** sth.	daran denken etw. noch zu tun
She remembered to call him.	Sie dachte daran, dass sie ihn anrufen wollte/musste.
to **forget doing** sth.	vergessen, etw. getan zu haben
I'll never forget walking through Central Park.	Ich werde nie vergessen, wie ich durch den Central Park gelaufen bin.
to **forget to do** sth.	vergessen etw. zu tun
Please don't forget to buy some milk.	Bitte vergiss nicht, Milch zu kaufen.
to **regret doing** sth.	bedauern etw. getan zu haben
She regretted spending all her money on food.	Sie bedauerte, ihr ganzes Geld für Nahrung ausgegeben zu haben.
to **regret to do** sth.	bedauern etw. tun zu müssen
We regret to inform you that your application has not been successful.	Wir bedauern, Ihnen mitteilen zu müssen, dass Ihre Bewerbung leider nicht erfolgreich gewesen ist.
to **stop doing** sth.	aufhören etw. zu tun
He stopped smoking.	Er hat mit dem Rauchen aufgehört.
to **stop to do** sth.	aufhören/stoppen, um etw. anderes zu tun
He stopped to smoke.	Er hat angehalten, um zu rauchen.

16 Das Passiv A2

What happened to your Jaguar? Has it shrunk?

Yup, we were caught in a heavy rainstorm.

Was ist mit Ihrem Jaguar passiert? Ist er geschrumpft? – Tja, wir sind in einen heftigen Regenguss geraten.

16.1 Die Gegenwart und die Vergangenheit A2

❶ Das Passiv ist eine Ausdrucksweise des Verbs, bei der der Empfänger einer Handlung und nicht der Verursacher betont wird.

Im aktiven Satz folgt dem Verursacher (Subjekt) eine Tätigkeit (Prädikat) sowie die Person oder Sache, mit der etwas getan wird (Objekt). Objekte können nur auf Verben folgen, die ein Objekt benötigen (transitive Verben). Verben, die ohne Objekt auskommen (intransitive Verben), wie to arrive *ankommen* oder to sleep *schlafen*, können keine passive Form bilden.

Formen

☀ Im Deutschen bildet man passive Vorgänge mit dem Verb *werden* (Vorgangspassiv). Im Englischen geschieht dies mit den Formen von to be + Past participle. Der Verursacher kann mit by *von* (⚡ nicht from!) angefügt werden.

Passives Satzgefüge:

	Subjekt	to be-Form	Part. Perf.	Verursacher
Present simple	An email	is	written	(by Joe).
	Eine E-Mail	*wird*	*geschrieben*	*(von Joe).*
Past simple	An email	was	written	(by Joe).
	Eine E-Mail	*wurde*	*geschrieben*	*(von Joe).*

Zum Vergleich das aktive Satzgefüge:

	Subjekt	Prädikat	Objekt
Present	Joe	writes	an email.
simple	*Joe*	*schreibt*	*eine E-Mail.*
Past	Joe	wrote	an email.
simple	*Joe*	*schrieb*	*eine E-Mail.*

Fragen stellt man, indem man das passive Subjekt mit der Form von
to be vertauscht:
Were the windows cleaned by Betty? *Wurden die Fenster von
Betty gereinigt?*

Um nach dem Verursacher einer Handlung zu fragen, fügt man by
von hinten an:
Who was the program uploaded **by**? *Von wem wurde das Pro-
gramm hochgeladen?*

Die Passivformen werden verneint, indem man die Form von to be
mit not negiert:
The house **was not (wasn't)** bought by the Norris family. *Das Haus
wurde nicht von der Familie Norris gekauft.*

A2 **Das persönliche Passiv**
Auch Sätze mit zwei Objekten lassen sich ins Passiv setzen. Häufig
handelt es sich bei den beiden Objekten um ein Personenobjekt
(Dativ = indirektes Objekt) und ein Sachobjekt (Akkusativ = direktes
Objekt):

Aktiv:	**His father sent him a new DVD.**
	Sein Vater schickte ihm eine neue DVD.
Passiv mit Akk.-Objekt:	**A new DVD** was sent to him.
	Eine neue DVD wurde ihm geschickt.
Passiv mit Dat.-Objekt:	**He** was sent a new DVD.
	Ihm wurde eine neue DVD geschickt.

⚡ Auffallend ist, dass im deutschen Satz das Dativobjekt des Aktiv-
satzes (*ihm*) im Passivsatz unverändert bleibt, während es im eng-

lischen Satz im Nominativ steht (he). Man nennt diese Variante *persönliches Passiv*.

Folgende häufig verwendete Verben können zwei Objekte nach sich ziehen:

to ask *fragen*	**to bring** *bringen*	**to give** *geben, schenken*
to lend *leihen*	**to offer** *anbieten*	**to pay** *(be)zahlen*
to sell *verkaufen*	**to show** *zeigen*	**to send** *schicken, senden*
to tell *sagen*	**to teach** *unterrichten*	

Das Dativobjekt des Aktivsatzes steht im Passivsatz im Nominativ, eine mögliche Präposition am Ende des Satzes:

Aktiv: They didn't listen **to him**. *Sie hörten ihm nicht zu.*
Passiv: **He** was not listened **to**. *Ihm wurde nicht zugehört.*

Auch nach Verben, die nur *ein* Dativobjekt haben, tritt das persönliche Passiv auf. Zu diesen Verben gehören u. a.:

to allow *erlauben*	**to follow** *folgen*	**to help** *helfen*
to advise *raten*	**B1** **to expect** *erwarten*	**to promise** *versprechen*

Aktiv: He helped **them**. *Er half ihnen.*
Passiv: **They** were helped. *Ihnen wurde geholfen.*

❶ Eine gängige Übersetzung des persönlichen Passivs ins Deutsche erfolgt mit dem unpersönlichen *man*: **They** were helped. *Man half ihnen.*

Folgende englische Passivkonstruktionen werden ebenfalls häufig mit *man* übertragen:

it is believed	*man glaubt*
it is known	*man weiß*
it is said	*man sagt/es wird gesagt*
it is thought	*man glaubt, man meint*
it is understood	*man nimmt an/es wird angenommen*
B1 **it is supposed**	*man vermutet/es wird vermutet*
B2 **it is claimed**	*man behauptet/es wird behauptet*
it is feared	*man befürchtet/es wird befürchtet*
it is reported	*man berichtet/es wird berichtet*

A2 **Das Passiv mit get**

ℹ Anders als im Deutschen besteht formal kein Unterschied zwischen einem Vorgangspassiv und einem Zustandspassiv, da das altenglische Verb wurðan *werden* ausgestorben ist und durch die to be-Formen ersetzt wird. Ein Satz wie She was hurt lässt sich auf zweifache Art übersetzen:

Vorgangsspassiv:	She **was** hurt. *Sie wurde verletzt.*
	He **was** dressed. *Er wurde angezogen.*
Zustandspassiv:	She **was** hurt. *Sie war verletzt.*
	He **was** dressed. *Er war angezogen.*

Um diese Doppeldeutigkeit zu vermeiden, wird vor allem im gesprochenen Englisch im Present und Past simple eine Form von to get *werden* statt der von to be *sein* verwendet, um ein Handlungspassiv auszudrücken:

She **got** hurt. *Sie wurde verletzt.*
They **got** married in June. *Sie wurden im Juni getraut. (Sie heirateten im Juni.)*

B1 **16.2   Das Passiv mit Hilfsverben**

Auch Hilfsverben (▷ ⑬) wie can *können*, must *müssen* oder should *sollte* lassen sich in Passivkonstruktionen einbauen. Man stellt sie vor den Infinitiv der Gegenwart (▷ **7.1**) von to be und hängt ein Past participle an:

Cars **can be parked** behind the house. *Autos können hinter dem Haus geparkt werden.*
All drinks **must be paid for** immediately. *Alle Getränke müssen sofort bezahlt werden.*

In Verbindung mit dem Infinitiv der Vergangenheit to have been sowie dem Past participle erhalten dieses Konstruktionen etwas Irreales in der Vergangenheit:

The conference rooms **should have been cleaned** yesterday evening. *Die Konferenzräume hätten gestern Abend gereinigt werden sollen.*
Where's my car? – It **must have been stolen**! *Wo ist mein Auto? – Es muss wohl gestohlen worden sein.*

16.3 Die Verlaufsform im Passiv B1

Nur die Verlaufsformen von Gegenwart und Vergangenheit (Present progressive und Past progressive) werden passivisch verwendet. Die Verlaufsformen der anderen Zeiten (Present perfect progressive, Past perfect progressive, Future progressive und Future perfect progressive) klingen ungelenk, sodass man sie vermeidet und auf aktive Sätze ausweicht.

Für Present und Past progressive bedient man sich dazu einer Konstruktion mit is/are being + Past participle bzw. was/were being + Past participle und drückt damit aus, dass im jeweiligen Moment etwas getan wird.

Passives Satzgefüge:

Passiv	Subjekt	to be-Form	Partizip Perfekt	Verursacher
Present progressive	An email *Eine E-Mail*	is being *wird gerade*	written *geschrieben*	(by Joe). *(von Joe).*
Past progressive	An email *Eine E-Mail*	was being *wurde gerade*	written *geschrieben*	(by Joe). *(von Joe).*

Zum Vergleich das aktive Satzgefüge:

Aktiv	Subjekt	Prädikat	Objekt
Present progressive	Joe *Joe*	is writing *schreibt gerade*	an email. *eine E-Mail.*
Past progressive	Joe *Joe*	was writing *schrieb gerade*	an email. *eine E-Mail.*

16.4 Das Passiv in anderen Zeitformen B1

☼ Im Present und Past lassen sich die einfache wie auch die Verlaufsform ins Passiv setzen. Bei den anderen Zeiten sind nur die einfachen Formen geläufig.

Die Verwendung der einzelnen Zeiten und Formen im Passiv richtet sich nach denselben Regeln wie im Aktiv.

In der folgenden Übersicht finden Sie alle Zeiten und ihre Aktiv- und Passivformen sowie die deutsche Übersetzung des passiven Teils:

	Aktiv	Passiv
Present simple	Joe writes an email.	An email is written by Joe. ... wird geschrieben
Present progressive	Joe is writing an email.	An email is being written by Joe. ... wird gerade geschrieben
Past simple	Joe wrote an email.	An email was written by Joe. ... wurde geschrieben
Past progressive	Joe was writing an email.	An email was being written by Joe. ... wurde gerade geschrieben
Future simple	Joe will write an email.	An email will be written by Joe. ... wird geschrieben werden
Future progressive	Joe will be writing an email.	möglich, aber nicht gebräuchlich
Present perfect simple	Joe has written an email.	An email has been written by Joe. ... ist gerade geschrieben worden
Present perfect progressive	Joe has been writing an email.	möglich, aber nicht gebräuchlich
Past perfect simple	Joe had written an email.	An email had been written by Joe. ... war geschrieben worden
Past perfect progressive	Joe had been writing an email.	möglich, aber nicht gebräuchlich
Future perfect simple	Joe will have written an email.	An email will have been written by Joe. ... wird geschrieben worden sein
Future perfect progressive	Joe will have been writing an email.	möglich, aber nicht gebräuchlich

17 Der Satzbau

Have you finished filling the salt cellar yet?

No, it's really hard to get the salt through all those little holes.

Bist du fertig mit dem Auffüllen des Salz-streuers? – Nein, es ist wirklich schwer, das Salz durch die kleinen Löcher zu bekommen.

Der englische Satzbau ist einfacher, aber weniger flexibel als der deutsche.

17.1 Subjekt-Prädikat-Objekt A1

☼ Ein vollständiger englischer Aussagesatz muss mindestens aus Subjekt und Prädikat bestehen, wobei das Subjekt vor dem Prädikat steht.
Bei Imperativen (▷ **7.3**) ist das Subjekt im Verb enthalten.
Zur Satzstellung bei Fragen und Verneinungen (▷ **14**) sowie bei Hilfs-verben (▷ **13**) informieren Sie sich bitte an den angegebenen Stellen.

Aussage: **Peter slept.** *Peter schlief.*

An das Verb kann man Objekte und andere Ergänzungen anhängen. Bei den Objekten sind Dativobjekte (= indirektes Objekt; man fragt mit wem?) sowie Akkusativobjekte (= direktes Objekt; man fragt mit wen/was?) möglich:

Dativobjekt: **I wrote to her.** *Ich schrieb ihr.*
Akkusativobjekt: **I forgot him.** *Ich vergaß ihn.*

Dem Prädikat können auch beide Objekte folgen:

I told her a story. *Ich erzählte ihr eine Geschichte.*

In vielen Fällen kann das Dativobjekt dem Prädikat ohne Präposition folgen oder mit Präposition hinter das Akkusativobjekt gestellt werden:

alleinstehend:	I paid **the firm** 100 euros. *Ich zahlte der Firma 100 Euro.*
mit Präposition:	I paid 100 euros **to the firm**. *Ich zahlte 100 Euro an die Firma.*

⚡ Es gibt jedoch einige Verben, bei denen das Dativobjekt nur mit einer Präposition hinter das Akkusativobjekt gestellt werden kann. Zu diesen Verben zählen u. a. to describe *beschreiben*, to explain *erklären, erläutern*, to suggest *vorschlagen*:

She described the picture **to me**. *Sie beschrieb mir das Bild.*
He explained the 🅱🅸 rules of the game **to me**. *Er erklärte mir die Spielregeln.*
Can you suggest a good restaurant **to me**? *Kannst du mir ein gutes Restaurant empfehlen?*

Darüber hinaus können in einem Satz Subjekt- und Objektergänzungen sowie adverbiale Bestimmungen vorkommen. Vor allem dann, wenn eine Form von to be das Prädikat des Satzes bildet oder wenn Kopulaverben (▷ ❼) oder Verben der Sinneswahrnehmung (▷ ❾) auftreten, spricht man von Subjektergänzungen. Sie folgen dem Prädikat:

My father is **a teacher**. *Mein Vater ist Lehrer.*
We stayed **at home**. *Wir blieben zu Hause.*
The soup tastes **bad**. *Die Suppe schmeckt schlecht.*
They 🅱🅸 seemed **very tired**. *Sie schienen sehr müde (zu sein).*

Objektergänzungen sind Zusatzinformationen zum Akkusativobjekt. Sie folgen dem Objekt:

They called her **lazy**. *Sie nannten sie faul.*
She put her hand **on my arm**. *Sie legte ihre Hand auf meinen Arm.*

ℹ️ Adverbiale Bestimmungen unterscheiden sich von Subjekt-Objekt-Ergänzungen dadurch, dass sie nicht vom Prädikat abhängen und für den Satz nicht notwendig sind. Hierbei handelt es sich häufig um Zeit- oder Ortsangaben sowie einfache Adverbien wie *often* oft oder *almost* fast:

In the summer we eat a lot of salad. *Im Sommer essen wir viel Salat.*
I met her **in a pub**. *Ich traf sie in einem Pub.*
We **often** go out **in the evening**. *Wir gehen abends häufig aus.*
He took the book **from the shelf**. *Er nahm das Buch aus dem Regal.*

17.2 Die adverbiale Bestimmung A2

Die vielen unterschiedlichen Adverbien und adverbialen Bestimmungen richtig im Satzgefüge zu platzieren, ist nicht ganz einfach, da das Deutsche häufig eine andere Wortstellung vorzieht.

Einige Grundregeln:
* Ortsadverbien stehen in der Regel am Ende des Satzes:
  I'd love to live **in Edinburgh**. *Ich würde gern in Edinburgh wohnen.*
  She's **from Australia**. *Sie ist aus Australien.*
* Unbestimmte Zeitangaben wie *always* immer oder *never* nie stehen vor dem Vollverb oder nach dem ersten Hilfsverb bzw. nach einer Form von *to be*:
  I **never** eat bananas. *Ich esse nie Bananen.*
  She has **always** loved him. *Sie hat ihn schon immer geliebt.*
  He is **often** late. *Er ist häufig spät.*
* Bestimmte Zeitangaben (*at 8 o'clock* 8 Uhr, *tomorrow* morgen, *14 July*, 14. Juli) stehen meist am Satzende (gelegentlich auch am Anfang); genaue Zeitangaben kommen vor allgemeinen:
  They usually get up **at 5 in the morning**. *Sie stehen normalerweise um 5 Uhr morgens auf.*
  Let's meet **at 10 o'clock on Wednesday morning**. *Treffen wir uns am Mittwochmorgen um 10 Uhr.*
  They met **on 8 June 1918 at a quarter to eight in the evening**. *Sie trafen sich am 8. Juni 1918 um Viertel vor 8 Uhr abends.*

- Adverbiale Bestimmungen des Ortes und der Zeit, die gemeinsam auftreten, haben normalerweise die Reihenfolge Ort vor Zeit (O-Z): I saw her **in a pub last night**. *Ich habe sie gestern Abend in einem Pub gesehen.*
They flew **to Hawaii last spring**. *Im letzten Frühjahr sind sie nach Hawaii geflogen.*
- Treten Adverbien der Art und Weise zu Orts- und Zeitangaben hinzu, dann ist die Reihenfolge Art vor Ort vor Zeit (A-O-Z): I slept **B2** **blissfully** in my bed **for eight hours last night**. *Ich habe letzte Nacht acht Stunden selig in meinem Bett geschlafen.*
- Adverbien, die sich auf ein Verb beziehen, stehen meistens vor dem Vollverb, nach dem ersten Hilfsverb oder nach dem Objekt, denn Verb und Objekt sollten nicht getrennt werden:
She **quickly** answered the phone. *Sie ging schnell ans Telefon.*
I read the email **carefully**. *Ich las die E-Mail sorgfältig durch.*
- Adverbien folgen Verben ohne Objekt:
He smiled **politely**. *Er lächelte höflich.*
And they lived **happily** ever after. *Und sie lebten glücklich miteinander, bis ans Ende ihrer Tage.*
- In Passivsätzen stehen Adverbien meistens nach dem Verb:
The door must be closed **quietly**. *Die Tür muss leise geschlossen werden.*
She should be called **in time**. *Man sollte sie rechtzeitig anrufen.*
- Adverbien stehen vor den Adjektiven, auf die sie sich beziehen:
This sentence is not **politically** correct. *Dieser Satz ist nicht politisch korrekt.*
He's **unusually** intelligent. *Er ist ungewöhnlich intelligent.*
- Bezieht sich ein Adverb auf ein anderes, dann steht das Adverb des Grades vor dem Bezugsadverb:
He speaks English **quite** fluently. *Er spricht ziemlich fließend Englisch.*
She's driving **very** fast. *Sie fährt sehr schnell.*
- Bezieht sich ein Adverb auf einen ganzen Satz, steht es meist vor diesem und wird mit einem Komma abgetrennt:
Unfortunately, I can't afford a holiday trip to Hawaii. *Bedauerlicherweise kann ich mir keinen Urlaubstrip nach Hawaii leisten.*

17.3   Die Kommaregeln   A1

Die Benutzung der Satzzeichen ist mit Ausnahme des Kommas ähnlich wie im Deutschen. Bei den Kommaregeln gibt es kleine Unterschiede.

Man verwendet Kommas:
- um bei Aufzählungen Wörter und Phrasen voneinander zu trennen; das Komma vor dem abschließenden and und wird vor allem im 👈 AE gesetzt und um Missverständnisse zu vermeiden:
  He's got **three houses**, five cars(,) and twenty horses. *Er hat drei Häuser, fünf Autos und zwanzig Pferde.*
- um (vor allem längere) Hauptsätze, die mit einer nebenordnenden Konjunktion (▶ 18) verbunden sind, voneinander zu trennen:
  She lives in London, **and** I live in New York. *Sie wohnt in London und ich wohne in New York.*
- häufig um einen Nebensatz von einem Hauptsatz zu trennen, wenn dieser an zweiter Stelle steht:
  After I had brushed my teeth, I went straight to bed. *Nachdem ich meine Zähne geputzt hatte, ging ich sofort zu Bett.*
  ⚡ Kein Komma wird gesetzt, wenn der Hauptsatz vorn steht:
  I'd buy a new couch if I were you. *Ich würde mir ein neues Sofa kaufen, wenn ich du wäre.*
- um eingeschobene Wörter und Sätze abzutrennen:
  We knew, **however**, that he had already bought a ticket. *Wir wussten jedoch, dass er schon ein Ticket gekauft hatte.*
  ⚡ Ohne den Einschub steht hier (trotz des that) kein Komma : We knew that he had already bought a ticket.
- um unabhängige Nebensätze wie Relativsätze (▶ 20) abzutrennen:
  My uncle, **who lives in Toronto**, has married again. *Mein Onkel, der in Toronto wohnt, hat wieder geheiratet.* (Der Sprecher hat nur einen Onkel.)
  ⚡ Kein Komma: My uncle who lives in Toronto has married again. Hier hat der Sprecher mehrere Onkel und nur derjenige, der in Toronto wohnt, hat wieder geheiratet. Die Information ist wichtig für das Verständnis. Sie wird deshalb *nicht* mit Kommas vom Satz getrennt.

- um Frageanhängsel abzutrennen:
  She's lovely, **isn't she**? *Sie ist wundervoll, **nicht wahr**?*
- um beiläufige Zitate einzuleiten:
  He said, **"Alohomora"**, but the door wouldn't open. *Er sagte* *„Alohomora", doch die Tür wollte nicht aufgehen.*
- beim Datum (je nach Schreibweise):
  Today is **Monday, July 28, 2008**. *Heute ist Montag, der 28. Juli 2008.*
  ⚡ Kein Komma: Today is 28 July 2008.
- 🖱 Im AE, um Stadt und Bundesstaat zu trennen:
  She war born in **Raleigh**, **NC**, in 2003. *Sie wurde 2003 in **Raleigh, NC**, geboren.*
- um Zahlen über 1000 lesbarer zu machen:
  The document has **18,789** words. *Das Dokument hat 18.789 Wörter.*
  ⚡ Kein Komma, sondern ein Punkt steht jedoch bei Dezimalzahlen:
  His temperature is **36.4** degrees. *Seine Temperatur ist 36,4 Grad.*

Bei genauem Hinsehen wird man feststellen, dass vor Nebensätzen, die mit einer Konjunktion (▷ ⓲) oder einem Relativpronomen (▷ ⓴) eingeleitet werden, *kein* Komma steht, wenn der Nebensatz dem Hauptsatz folgt. Der erste Satz aus Ernest Hemingways Kurzgeschichte "A Clean, Well-Lighted Place" mag dies verdeutlichen:

"They sat together at a table **that** was close against the wall near the door of the café and looked at the terrace **where** the tables were all empty **except where** the old man sat in the shadow of the leaves of the tree **that** moved slightly in the wind."

18 Die Konjunktion A1

Man sagt, um glücklich zu sein, sollte man beenden, was man angefangen hat. – Ich habe heute schon drei Pizzas zu Ende gegessen. Mir geht's schon viel besser.

☼ Konjunktionen verbinden Satzteile oder Sätze.
Nebenordnende Konjunktionen wie **and** *und*, **but** *aber*, **for** *denn* sowie **or** *oder* verbinden zwei Hauptsätze oder gleichwertige Satzteile miteinander.

Unterordnende Konjunktionen verbinden Haupt- und Nebensätze und bestimmen den sprachlichen Zusammenhang zwischen beiden. Die geläufigsten (neben- und unterordnenden) Konjunktionen sind:

A1 **and** *und*, **after** *nachdem*, **but** *aber, sondern*, **or** *oder*, **that** *dass*

A2 **as** *als*, **because** *weil*, **before** *bevor*, **by** + Gerund *dadurch, dass*, **in order to** *um ... zu*, **so** *also, folglich, daher, deshalb*, **until/till** *bis*, **if** *wenn, falls*, **when** *wenn*, **while** *während, solange*, **without** + Gerund *ohne dass*

B1 **although** *obwohl*, **as if** *als ob*, **instead of** + Gerund *anstatt (dass)*, **not until** *erst wenn, nicht eher bis, nicht (be)vor*, **otherwise** *sonst*, **unless** *außer wenn*

B2 **as long as** *solang(e)*, **as soon as** *sobald*, **even if** *wenn auch*, **except that** *außer dass*, **for** *denn*, **insofar as/inasmuch as** *insofern*, **once** *sobald, wenn*, **since** *da, weil*, **so that** *sodass*, **whenever** *jedes Mal, wenn*, **whereas** *wohingegen*

18.1   Die Konjunktion bei Nebensätzen

Die einleitende unterordnende Konjunktion bestimmt die Art des Nebensatzes. Es gibt acht Hauptarten von Nebensätzen, die von Konjunktionen eingeleitet werden. Charakteristisch für diese Sätze ist, dass der Hauptsatz auch ohne den Nebensatz stehen kann.

Kausalsatz
In Kausalsätzen wird eine Begründung oder Erläuterung für das gegeben, was im Hauptsatz gesagt wird. Einleitende Konjunktionen sind:

- as *da, weil*
  förmlich; häufig am Satzanfang; der Grund ist dem Zuhörer bekannt:
  As our supermarket was closed again, I had to drive downtown. *Da unser Supermarkt wieder geschlossen war, musste ich in die Innenstadt fahren.*
- because *da, weil*
  am Satzanfang und in der Satzmitte; häufig mit neuer Information:
  I didn't come to class **because** I woke up with a headache. *Ich bin nicht zum Unterricht gekommen, **weil** ich mit Kopfschmerzen aufgewacht bin.*
- since *da, weil*
  förmlich; häufig am Satzanfang; der Grund ist dem Zuhörer bekannt:
  Since he broke his leg last Saturday, he can't play today. *Weil er sich letzten Samstag das Bein gebrochen hat, kann er heute nicht spielen.*
- so *also, folglich, daher, deshalb*
  kann nicht am Anfang des Satzes stehen:
  The hotel was closed, **so** I spent the night in that youth hostel. *Das Hotel war geschlossen. **Folglich** verbrachte ich die Nacht in dieser Jugendherberge.*

Temporalsatz
Temporalsätze drücken ein Zeitverhältnis zwischen Haupt- und Nebensatz aus. Einleitende Konjunktionen sind:

- after *nachdem, wenn*
  I'll travel around the world **after** I leave school. *Ich werde eine Weltreise machen, **wenn** ich mit der Schule fertig bin.*

- as *als*
  As we were watching TV, the neighbours' cat came in from outside. *Als wir fernsahen, kam die Nachbarskatze von draußen herein.*
- as long as *solang(e)*
  She'll never forget what he has done **as long as** she lives. *Sie wird nie vergessen, was er getan hat, solange sie lebt.*
- as soon as *sobald*
  I'll write an email to you **as soon as** I can. *Ich schreibe dir eine E-Mail, sobald ich kann.*
- before *bevor*
  Close the window **before** you let the birds out of the cage. *Schließe das Fenster, bevor du die Vögel aus dem Käfig lässt.*
- once *sobald, wenn*
  You'll see how beautiful it is **once** you get there. *Du wirst sehen, wie schön es ist, sobald du da bist (ankommst).*
- since *seit*
  He's had three girlfriends **since** he broke up with Mary. *Er hat drei Freundinnen gehabt, seit er mit Mary Schluss gemacht hat.*
- until/till *bis*
  John sang sad songs **until** they fell asleep. *John sang traurige Lieder, bis sie einschliefen.*
- not until *erst wenn, nicht eher bis, nicht (be)vor*
  (für den Zeitpunkt, an dem etwas in der Zukunft geschieht)
  They **won't** be seeing each other **until** Saturday. *Sie sehen sich nicht (be)vor Samstag.*
- when *als, (dann) wenn*
  The telephone always rings **when** there's a football game on TV. *Immer klingelt das Telefon, wenn im Fernsehen ein Fußballspiel läuft.*
- whenever *jedes Mal, wenn*
  Whenever I see her I'm reminded of Audrey Hepburn. *Jedes Mal, wenn ich sie sehe, fühle ich mich an Audrey Hepburn erinnert.*
- while *während, solange*
  While I was having a bath, my husband was making dinner. *Während ich badete, machte mein Mann das Abendessen.*

Finalsatz

Im Finalsatz steht ein Zweck, eine Absicht oder ein Ziel für das im Hauptsatz Gesagte. Einleitende Konjunktionen sind:

- in order to *um ... zu*
  She went to the market **in order to** buy some fresh tomatoes.
  *Sie ging zum Markt, **um** frische Tomaten **zu** kaufen.*
- so that/in order that *damit* (förmlich)
  I usually work late **so that** I can get everything done. *Ich arbeite meist bis spät, **damit** ich alles erledigt bekommen kann.*

Konditionalsatz

Konditionalsätze (▷ ㉒) formulieren Bedingungen oder Voraussetzungen. Einleitende Konjunktionen sind:

- if *wenn, falls*
  If I wake up in time, I'll go swimming with you. ***Wenn** ich rechtzeitig aufwache, werde ich mit dir schwimmen gehen.*
- when *(dann) wenn*
  I'm going to be a film star **when** I grow up. *Ich werde Filmstar, **wenn** ich groß bin.*
- unless *außer wenn, es sei denn, sofern ... nicht*
  Your bicycle is in the garage **unless** somebody has stolen it.
  *Dein Fahrrad ist in der Garage, **sofern** es **nicht** jemand gestohlen hat.*

Modalsatz

In Modalsätzen wird die Art und Weise des Geschehens näher beleuchtet; häufig werden Begleitumstände genannt oder Mittel, mit denen etwas erreicht wurde. Einleitende Konjunktionen sind:

- by + Gerund *dadurch, dass/indem*
  By introducing the new method, they saved millions of pounds.
  ***Dadurch, dass** sie die neue Methode **einführten**, sparten sie Millionen von Pfund.*
- except (that) *außer (dass)*
  I don't know anything about the film **except that** it's supposed to be brilliant. *Ich weiß nichts über den Film, **außer dass** er brillant sein soll.*
- without + Gerund *ohne dass, ohne ... zu*
  The magician opened the box **without touching** it. *Der Zauberer öffnete die Schachtel, **ohne sie zu berühren**.*

Konsekutivsatz

Konsekutivsätze bringen Folgegeschehen zum Ausdruck. Im Nebensatz steht die Wirkung des im Hauptsatz ausgedrückten Sachverhalts. Einleitende Konjunktionen sind:

- (so) that *(so) dass*
  The snake was poisonous **so that** he had to be rushed to a hospital immediately. *Die Schlange war giftig, sodass er schnell zu einem Krankenhaus gebracht werden musste.*

Konzessivsatz

Ein Konzessivsatz scheint dem Hauptsatz zu widersprechen; einer Erwartung wird nicht entsprochen. Einleitende Konjunktionen sind:

- although *obwohl, obgleich*
  Although I have a small car it uses a lot of petrol. *Obwohl ich ein kleines Auto habe, verbraucht es viel Benzin.*
- even if *auch wenn*
  I'll never buy a car **even if** I have to walk 5 kilometres to work. *Ich werde nie ein Auto kaufen, auch wenn ich 5 Kilometer zu Fuß zur Arbeit gehen muss.*
- even though *auch wenn, obwohl* (häufig für überraschende Informationen)
  Even though she was only 14 years of age, she was already 6 feet tall. *Obwohl sie erst 14 Jahre alt war, war sie schon 1,80 Meter groß.*

Adversativsatz

Beim Adversativsatz steht im Hauptsatz ein entgegengesetzter oder sogar gegenteiliger Sachverhalt zum Nebensatz. Einleitende Konjunktionen sind:

- instead of + Gerund *anstatt*
  Instead of calling the police he ran after the burglar. *Anstatt die Polizei zu rufen, rannte er hinter dem Einbrecher her.*
- while *während*
  While the rich are getting richer, the poor are getting poorer. *Während die Reichen reicher werden, werden die Armen ärmer.*
- whereas *wohingegen* (förmlich)
  I want to spend my holidays in the mountains **whereas** my family prefer the beach. *Ich möchte meinen Urlaub im Gebirge verbringen, wohingegen meine Familie den Strand vorzieht.*

A1   18.2   **Der Dass-Satz**

Bei den Satzgefügen mit *that* dass kann der Hauptsatz nicht oder nur selten allein stehen. Zum einen dient *that* als Einleitung der indirekten Rede (▶ ㉓) oder vergleichbarer Formen. Es wird jedoch häufig weggelassen:

He said (**that**) he loved her. *Er sagte, **dass** er sie liebe.*
I believe (**that**) she's right. *Ich glaube, **dass** sie recht hat.*
We know (**that**) you took his bicycle. *Wir wissen, **dass** du sein Fahrrad genommen hast.*

Und zum anderen kann der That-Nebensatz auch Subjekt oder Subjektergänzung nach *to be* sowie Objekt eines Satzgefüges sein. Als Subjekt steht er häufig mit dem Zusatz *The fact ... Die Tatsache ...*:

Subjekt: (The fact) **that she didn't remember me** was very disappointing. *Die Tatsache, **dass** sie sich nicht an mich erinnerte, war sehr enttäuschend.*

Objekt: I remembered **that I had met her in Oxford the year before.** *Ich erinnerte mich daran, **dass** ich sie im Jahr zuvor in Oxford kennengelernt hatte.*

Subjekt: **That he was held responsible for the crime** came as no real surprise. ***Dass** er für das Verbrechen verantwortlich gemacht wurde, war keine große Überraschung.*

Objekt: When I called her I didn't know **that she had already reserved a table at the restaurant.** *Als ich sie anrief, wusste ich nicht, **dass** sie bereits einen Tisch im Restaurant bestellt hatte.*

Subjektergänzung nach *to be*: The main thing is **that I love her.**
*Hauptsache ist, **dass** ich sie liebe.*

19 Die Präposition

A1

This class is really bad at Maths. I'm afraid 80 percent of you failed the test.

But Mr Evans, there aren't that many of us.

Diese Klasse ist wirklich schlecht in Mathe. 80 Prozent haben den Test leider nicht bestanden. – Aber Herr Evans, wir sind doch gar nicht so viele.

☀ Präpositionen wie at *bei,* um, back *zurück,* in *in,* out *aus* usw. sind Verhältniswörter, die nicht dekliniert oder gesteigert werden können und meist in Verbindung mit einem Substantiv, Verb oder Adjektiv stehen.

Häufig entspricht ihre Verwendung nicht der deutschen, sodass man sie am besten in ganzen Phrasen auswendig lernt. Sie lassen sich jedoch entsprechend ihrer Funktion in Gruppen einteilen.

19.1 Die lokale Präposition

Die lokalen Präpositionen bestimmen Ort und Richtung. Sie werden meist wie im Deutschen verwendet. Einige treten jedoch mehrfach in unterschiedlicher Bedeutung auf und müssen besonders beachtet werden.

Die Präpositionen at/by/ B2 beside/ A2 next to und near/ B1 nearby/ not far from

Für Personen oder Dinge, die sich in unmittelbarer Nähe *neben* etwas oder jemandem befinden, verwendet man:
at *an*   by *bei, neben*   beside *neben*   next to *neben*
Für Personen oder Dinge, die sich neben Objekten oder Personen, aber in einer gewissen Entfernung von diesen befinden, verwendet man:
near *nah, unweit*   nearby *nahe bei, in der Nähe*   not far from *unweit*

Would you like a table **by** the window? *Möchten Sie einen Tisch am Fenster?*
He was waiting **at** the end of the road. *Er wartete am Ende der Straße.*
Her flat is **next to** ours. *Ihre Wohnung ist neben unserer.*
The school is **near** the old church. *Die Schule ist (ganz) nah (an) der alten Kirche.*
My uncle lives **nearby**. *Mein Onkel wohnt in der Nähe.*
Windsor Castle is **not far from** London. *Schloss Windsor ist nicht weit von London.*

⚡ Beside *neben* sollte nicht mit besides *außerdem, ferner* verwechselt werden: Das deutsche *in der Nähe von* übersetzt man am besten mit near oder nearby oder mit **B2** in the vicinity of *in der näheren Umgebung von.*

Die Präpositionen over und above

Man verwendet over *über* für etwas, das sich über etwas anderem befindet, für Dinge, die sich über etwas bewegen sowie für abstrakte Sachverhalte.
Above *über, oberhalb* steht bei räumlichen Angaben, die die Bewegung weniger deutlich zum Ausdruck bringen, wie auch in einer Reihe fester Wendungen.
Over wird viel häufiger gebraucht als above.

The plane is flying **over** the city. *Das Flugzeug fliegt über die Stadt.*
He looked at the picture **over** the door. *Er schaute auf das Bild über der Tür.*
Let's talk about it **over** a cup of tea. *Lass uns bei einer Tasse Tee darüber sprechen.*

The plane is flying **above** the city. *Das Flugzeug fliegt über der Stadt.*
Her room was **above** mine. *Ihr Zimmer war über meinem.*
The moon rose **above** the eastern horizon. *Der Mond hob sich über dem östlichen Horizont.*
It was only a few degrees **above** zero. *Es war nur ein paar Grad über Null.*

Die Präpositionen under und B1 below

Mit under *unter/unterhalb* wird ausgedrückt, dass sich Dinge und Lebewesen unter anderen befinden. Auch für Bewegungen unter etwas oder unter etwas hindurch sowie für abstrakte Sachverhalte steht under.
Das seltener benutzte below *unter/unterhalb* zeigt eine niedrigere oder geringere Position gegenüber anderen Dingen an. Es steht auch in einigen festen Redewendungen.

What's my shoe doing **under** the table? *Was macht mein Schuh unter dem Tisch?*
The mouse ran **under** the cupboard. *Die Maus rannte unter den Schrank.*
He was driving **under** the influence of alcohol. *Er fuhr unter Alkoholeinfluss.*

The Meyers live a few houses **below**. *Die Meyers wohnen ein paar Häuser weiter unten.*
The sun sank **below** the horizon. *Die Sonne versank am Horizont.*
The temperature was 10 **below** zero. *Die Temperatur war 10 Grad unter Null.*

Die Präpositionen B2 beneath und B2 underneath

Beneath *unter* findet vorwiegend in der Literatursprache Verwendung und ist häufig mit under oder below austauschbar.
Underneath *unter* steht dann, wenn sich etwas direkt unter etwas anderem befindet und/oder von diesem bedeckt wird.

When it started to rain they all ran **beneath** the sunshade. *Als es zu regnen anfing, liefen sie alle unter den Sonnenschirm.*
It was **beneath** him to accept help. *Es war unter seiner Würde, Hilfe anzunehmen.*
The postman put the letter **underneath** the door mat. *Der Postbote legte den Brief unter die Fußmatte.*
She was wearing a green T-shirt **underneath** her jacket. *Sie trug ein grünes T-Shirt unter(halb) ihrer Jacke.*

Die Präpositionen **B1** past und **B1** along

To go past sth. *an etw vorbeigehen* oder als Verb to pass sth. verwendet man, für eine Bewegung, die an etwas *vorbei* führt. Hingegen bringt along *entlang* eher zum Ausdruck, dass eine Bewegung an oder auf etwas entlang geht.

When I lived in New York I **went past** the stock exchange every day. *Als ich in New York wohnte, ging ich jeden Tag an der Börse vorbei.*

They walked **along** Wall Street without looking at the stock exchange. *Sie gingen die Wall Street entlang, ohne die Börse anzusehen.*

Just go **along** Burleigh Road until you see the factory. *Fahren Sie einfach die Burleigh Road entlang, bis Sie die Fabrik sehen.*

Die Präpositionen between, **A2** among und **B2** beyond

Die Präpositionen between *zwischen* und **A2** among *unter, inmitten von* drücken Positionen von Objekten und Lebewesen inmitten anderer Dinge und Lebewesen aus. **B2** Beyond *jenseits* wird auch im übertragenen Sinn verwendet.

The post office is **between** 6th and 7th Street. *Die Post ist zwischen der 6. und 7. Straße.*

When I was in northern Canada I lived **among** the Inuit for half a year. *Als ich in Nordkanada war, lebte ich ein halbes Jahr lang bei den Inuit.*

There's a nice park **beyond** the baseball field. *Jenseits des Baseballfeldes befindet sich ein schöner Park.*

A1 ### 19.2 Die temporale Präposition

Die am häufigsten verwendeten Präpositionen in Verbindung mit Zeitangaben sind at *um, zu, am, bei, im,* in *in, im, während* und on *an, am.* Die Präpositionen der Zeit und deren Zusammensetzungen lassen sich in diese drei Gruppen einteilen:

at *um/zu/am*	in *in/im/während*	on *an/am*
at night *nachts/in der Nacht*	in the night *in/während der Nacht*	on July 24th/on 24 July *am 24. Juli*
at midnight *um Mitternacht*	in the morning/afternoon/ evening *morgens/nach-*	on Sunday *am Sonntag*
at 5 o'clock/at 5 am/pm *um 5 Uhr*	*mittags/abends*	on Monday morning *Montagmorgen*
at noon/lunchtime *mittags/zur Mittagszeit*	in (the) summer usw. *im Sommer*	on Tuesdays *dienstags*
at Christmas *zu Weihnachten*	in the 21st century *im 21. Jahrhundert*	on Christmas Day *am Weihnachtstag*
at Easter *zu Ostern*	in the 1920s *in den 1920ern*	on Easter Sunday *am Ostersonntag*
at (➡ AE: on) the weekend *am Wochenende*	in 2008 *2008*	on New Year's Eve *an Silvester*
at the age of/at age *im Alter von*	in January *im Januar* usw.	on weekdays *an Wochentagen*
at 19 *mit 19*	in 2 days *in 2 Tagen*	on workdays *werktags*
at the end *am Ende*	in the meantime *in der Zwischenzeit*	on time *pünktlich*
at the time *zu der Zeit*	in the end *(letzt)endlich*	on a rainy day *an einem Regentag*
at the beginning *am Anfang (Anfangspunkt)*	in time *rechtzeitig*	on Mother's Day *an Muttertag*
at present/at the moment *im Moment*	in the beginning *zu Beginn (Zeitraum)*	on Christmas Eve *an Heiligabend*
at breakfast *beim Frühstück*	in the future/past *in der Zukunft/Vergangenheit*	
at dawn *bei Sonnenaufgang*	in the Middle Ages *im Mittelalter*	
at dusk *bei Sonnenuntergang*	in a few minutes *in einigen Minuten*	
at present *derzeit*	in two months' time *in zwei Monaten*	
at once *sofort*		

Weitere Präpositionen der Zeit sind:
- before *vor* und after *nach*:
  Do you want your salad **before** or **after** the main course?
  *Möchten Sie Ihren Salat **vor** oder **nach** dem Hauptgang?*
- about *etwa*:
  I slept **about** 12 hours. *Ich habe **etwa** 12 Stunden geschlafen.*

- as of/from *von ... an*:
  All shops will be closed **as of** Monday next week. *Von Montag nächster Woche **an** sind alle Läden geschlossen.*
- between *zwischen*:
  I'll be back **between** 5 and 6. ***Zwischen** 5 und 6 bin ich wieder zurück.*
- by *bis (spätestens)* oder by day/night *bei Tag/Nacht*:
  Could you be here **by** 4 o'clock? *Könnten Sie **bis** 4 Uhr hier sein?*
  It rained **by day** and **by night**. *Es regnete **bei Tag** und **bei Nacht**.*
- from ... to *von ... bis*:
  I usually work **from** 8 am **to** 4 pm. *Ich arbeite normalerweise **von** 8 **bis** 16 Uhr.*
- next *(am) nächsten*:
  See you **next** Friday! *Bis **nächsten** Freitag!*
- past *nach*:
  It's five minutes **past** four. *Es ist fünf Minuten **nach** vier.*
- since *seit*:
  He's been playing chess **since** he was 8. *Er spielt Schach **seit** er 8 ist.*
- through to *die ganze Zeit bis*:
  The park will be open **through to** March next year. *Der Park wird **(die ganze Zeit) bis** März nächstes Jahr geöffnet sein.*
- until/till *bis*:
  She'll stay in Bath **until/till** Tuesday. *Sie bleibt **bis** Dienstag in Bath.*

20 Das Relativpronomen und der Relativsatz

A2

Kennst du ein Wort, das immer falsch geschrieben wird? – Falsch? – Richtig.

20.1 Das Relativpronomen

A2

🔆 Relativpronomen sind Wörter, die sich auf vorangehende Personen, Dinge oder ganze Sätze beziehen. Sie werden benutzt, um eine Wiederholung oder die Verwendung eines Personalpronomens (▷ **5**) zu vermeiden.

Formen

🔆 Anders als im Deutschen ist es unerheblich, ob das Bezugswort des Relativpronomens im Singular oder Plural steht und welches Genus es hat – Relativpronomen sind unveränderlich. Einzig auf den Unterschied zwischen Personen und Dingen, die Bezugswort sind, muss man achten.

Die englischen Relativpronomen lauten:

- **who**   *der/die/das; welcher/e/s*   → für Personen
- **who(m)**   *dem/den; der/die; dem/das*   → für Personen
- **which**   *der/die/das; welcher/e/s*   → für Dinge
- **whose**   *dessen/deren* + Substantiv   → für Personen und Dinge
- **that**   *der/die/das; welcher/e/s*   → für Personen und Dinge

Es kommt häufig vor, dass anstelle von **who(m)** das Relativpronomen **that** verwendet wird.

193

I know a boy **who** only listens to jazz. *Ich kenne einen Jungen, der nur Jazz hört.*

The woman **who(m)/that** I met in the pub was your biology teacher? *Die Frau, die ich im Pub getroffen habe, war deine Biologielehrerin?*

The car **which/that** got stolen last night in front of my house has been found again. *Das Auto, das letzte Nacht vor meinem Haus gestohlen wurde, ist wiedergefunden worden.*

The boy **whose** parents were killed in the car crash now lives with his aunt. *Der Junge, dessen Eltern bei dem Autounfall ums Leben kamen, wohnt jetzt bei seiner Tante.*

Could you pay back the money **that** I lent you last week? *Kannst du das Geld zurückzahlen, das ich dir letzte Woche geliehen habe?*

ⓘ Auch alle Interrogativpronomen (**when** *wann*, **where** *wo*, **how** *wie* usw., ▷ ⑭) können als einleitende Pronomen für einen Relativsatz verwendet werden:

I don't remember **when** we first met. *Ich kann mich nicht daran erinnern, wann wir uns zum ersten Mal getroffen haben.*

I'm sure it was in a café on Charing Cross Road **where** you told me about your wife. *Ich bin mir sicher, es war in einem Café in der Charing Cross Road, wo Sie mir von Ihrer Frau erzählten.*

I just can't imagine **how** you ᴮ¹ managed to write a book with two kids at home. *Ich kann mir einfach nicht vorstellen, wie du es fertig gebracht hast, ein Buch zu schreiben mit zwei Kindern zu Hause.*

A2 ## 20.2 Der Relativsatz

Mit den Relativpronomen lassen sich zwei Hauptsätze verbinden, indem man einen zum Nebensatz macht:

Hauptsatz + Hauptsatz:	She washed the T-shirts. The T-shirts were lying on the chair. *Sie wusch die T-shirts. Die T-shirts lagen auf dem Tisch.*
Hauptsatz + Nebensatz:	She washed the T-shirts **that** were lying on the chair. *Sie wusch die T-shirts, die auf dem Tisch lagen.*

Relativpronomen können als Subjekt oder Objekt des Nebensatzes fungieren:

Subjekt: It was Johnny **who** took my bicycle. *Es war Johnny,* **der** *mein Fahrrad genommen hat.* (Frage: Wer hat mein Fahrrad genommen?)

Dat.-Objekt: This is the woman **with whom** I've been working for years. *Das ist die Frau,* **mit der** *ich seit Jahren zusammenarbeite.* (Frage: Mit wem arbeite ich?)

Akk.-Objekt: She's going to marry a man **who(m)** she has never seen before. *Sie wird einen Mann heiraten,* **den** *sie nie zuvor gesehen hat.* (Frage: Wen heiratet sie?)

In förmlicher Ausdrucksweise steht die Präposition im Dativ vor whom; in der gesprochenen Sprache wird sie häufig ans Ende des Nebensatzes gestellt und whom zu who verkürzt:
This is the woman **who** I've been working **with** for years.

Der Relativsatz ohne Relativpronomen   A2
☀ Haben Hauptsatz und Nebensatz je ein eigenes Subjekt, lässt man das Relativpronomen, das in diesen Fällen Objekt des Nebensatzes ist, häufig aus. Auftretende Dativpräpositionen rücken dabei ans Ende des Nebensatzes.
This is not the guitar (**which**) I sold you yesterday. *Das ist nicht die Gitarre,* **die** *ich dir gestern verkauft habe.*
Do you know the man (**who**) I just talked to? *Kennst du den Mann,* **mit dem** *ich gerade gesprochen habe?*
I don't want to invite someone (**whom**) I don't know. *Ich möchte nicht jemanden einladen,* **den** *ich nicht kenne.*

Der abhängige und der unabhängige Relativsatz   A2
❶ Im Englischen gibt es abhängige und unabhängige Relativsätze; in abhängigen stehen Informationen, die für das Verständnis des Hauptsatzes relevant sind; man kann sie nicht weglassen. Unabhängige Relativsätze hingegen könnte man weglassen, ohne die Aussage des Hauptsatzes zu gefährden. Im Unterschied zum Deutschen, das Relativsätze immer mit Kommas abtrennt, geschieht dies nur beim unabhängigen Relativsatz. Dieser darf auch nicht mit that eingeleitet werden.

Vergleichen Sie:

Abhängig:	The apples **which/that** you bought at the **market** are **B2** mouldy. *Die Äpfel, die du auf dem Markt gekauft hast, sind schimmelig.* (Es wurden an mehreren Stellen Äpfel gekauft, aber nur diejenigen vom Markt sind schimmelig. Die Information „Markt" ist für das Verständnis des Satzes wichtig.)
Unabhängig:	The **apples, which** you bought at the market, are mouldy. *Die Äpfel, die du auf dem Markt gekauft hast, sind schimmelig.* (Es wurde nur auf dem Markt eingekauft; die Information „Markt" ist nicht wichtig, der Nebensatz ist irrelevant.)

☼ Kann man *der-, die-* oder *dasjenige* vor das Subjekt des Hauptsatzes setzen, steht im Nebensatz eine notwendige Information, der Relativsatz ist folglich abhängig und wird nicht mit Kommas abgetrennt.

A2
Whom und which mit Mengenangaben
Whom und which können durch eine Reihe von Mengenangaben (▷ ⑥) näher bestimmt werden:

- all of whom/which *von denen alle/die alle*
- both of whom/which *von denen beide/die beide*
- each of whom/which *von denen jede/r/s*
- either of whom/which *von denen jede/r/s* (bei zwei Personen/ Dingen)
- half of whom/which *von denen die Hälfte*
- few of whom/which *von denen wenige*
- a few of whom/which *von denen einige (wenige)*
- most of whom/which *von denen die meisten*
- many of whom/which *von denen viele*
- neither of whom/which *von denen keine/r/s* (bei zwei Personen/ Dingen)

- none of whom/which *von denen keine/r/s*
- some of whom/which *von denen einige*
- one/two of whom/which *von denen eine/r/s, zwei*
- any of whom/which *von denen jeder einzelne*

Five members of our group had to be taken to hospital, **all of whom** had eaten fish. *Fünf Mitglieder unserer Gruppe, die alle Fisch gegessen hatten, mussten ins Krankenhaus eingeliefert werden.*
I saw two men, **both of whom** were wearing black coats. *Ich habe zwei Männer gesehen, die beide einen schwarzen Mantel trugen.*
I got 200 emails, **most of which** were spam. *Ich habe 200 E-Mails erhalten, von denen die meisten Spam waren.*
Two men, **neither of whom** I had seen before, came into the office. *Zwei Männer, die ich beide nie zuvor gesehen hatte, betraten das Büro.*
Your program has three faults, **any of which** would B2 be sufficient to make it crash. *Dein Programm hat drei Fehler, von denen jeder einzelne ausreichen würde, dein Programm zum Absturz zu bringen.*

☀ Vor allem in der Schriftsprache verbindet man Mengenangaben mit Relativpronomen. Im gesprochenen Englisch bildet man eher zwei einzelne Sätze und lässt den zweiten mit them anstelle von whom oder which beginnen:
I've got four cats. **Two of them** have blue eyes. *Ich habe vier Katzen. Zwei von ihnen haben blaue Augen.*

Zusammengesetzte Formen A2
Die beiden Relativpronomen who und which lassen sich (wie auch die Interrogativpronomen (▶ ⑭) mit -ever zu whoever *wer auch immer* (oder formeller whosoever) und whichever (whichsoever) *welche/r/s auch immer* zusammensetzen. (Whomever/whomsoever *wem/wen auch immer* ist sehr förmlich und selten.)

Whoever took my CDs, please return them. *Wer auch immer meine CDs genommen hat, bringe sie bitte zurück.*
Choose one of the books, **whichever** you like best. *Wählen Sie eines der Bücher, welches auch immer Sie am besten finden.*

A2 Which als Stellvertreter für Sätze

Von den Relativpronomen kann nur which (nicht what) als Anschluss für einen Satz benutzt werden. Es entspricht in dieser Funktion dem deutschen *was* und bezieht sich auf einen ganzen vorhergehenden Satz und nicht nur auf ein Wort. Vor dieses which sollte man immer ein Komma setzen:

I married my old girlfriend from high school, **which** is the best thing I ever did. *Ich habe meine alte Schulfreundin geheiratet, was das Beste ist, was ich je getan habe.*
He's started learning Chinese, **which** will help him with his business relations in China. *Er hat angefangen, Chinesisch zu lernen, was ihm bei seinen Geschäftsbeziehungen in China hilfreich sein wird.*

❶ Bei der Verwendung von what muss man achtgeben. What entspricht dem deutschen *das, was*. Der What-Satz kann Subjekt wie Objekt eines Satzgefüges sein:

Subjekt: **What** she said made me very happy. *(Das), was sie sagte, machte mich sehr glücklich.*

Objekt: Could you please repeat **what** she said? *Könnten Sie bitte (das) wiederholen, was sie gesagt hat?*

Subjekt: **What**'s even more interesting than the result of the B1 election, is the B2 voter turnout. *(Das) was sogar noch interessanter als das Ergebnis der Wahl ist, ist die Wahlbeteiligung.*

Objekt: Why don't you ever remember **what** I tell you? *Warum kannst du dich nie an das erinnern, was ich dir sage?*

21 Das Partizip und der Partizipialsatz

Unser Nachbar baut ein Raumschiff, um zur Sonne zu fliegen. – Aber die Sonne verbrennt ihn doch. – Kein Problem, sagt er, er fliegt bei Nacht.

21.1 Das Partizip

☼ Ein Partizip ist ein zwischen Verb und Adjektiv stehendes Wort, das Eigenschaften von beiden aufweist, weshalb es manchmal auch Verbaladjektiv genannt wird.

Formen

Es gibt zwei Partizipien, die häufig verwendet werden:

- Present participle (ing-Form):   playing *spielend*, exciting *aufregend*
- Past participle: played *gespielt*, excited *aufgeregt*

Das Present participle ist identisch mit der ing-Form des Verbs. Sie wird gebraucht für alle Progressive Formen, als Adjektiv, als Gerund und in Partizipialsätzen.

Das Past participle ist die 3. Form des Verbs (regelmäßig wie unregelmäßig). Sie wird gebraucht für alle Perfektformen, gelegentlich als Adjektiv und in Partizipialsätzen.

Gebrauch

Den Doppelcharakter der Partizipien erkennt man gut daran, dass im Englischen in allen Funktionen dieselbe Form verwendet wird.

Das Present participle und seine Verwendung in Verb- und Adjektivkonstruktionen (seltener als Adverb):

- bei allen Verlaufsformen:
  I am **playing**. *Ich spiele gerade.* (wörtlich: Ich bin *spielend*.)
  I was **playing** with the cat when Jamie called. *Ich spielte gerade mit der Katze, als Jamie anrief.*

- als Adjektiv (▷ ❸):
  Have you ever seen a piano-**playing** cat? *Hast du schon mal eine Klavier spielende Katze gesehen?*

- als Adverb (▷ ❹):
  The boy ran **singing** down the street. *Der Junge lief singend die Straße hinunter.*

Das Past participle und seine Verwendung als Verbform sowie als Adjektiv:

- in den Perfekt-Zeiten (▷ ❿, ⓫, ⓬):
  I had **played** with the cat. *Ich hatte mit der Katze gespielt.*

- beim Passiv (▷ ⓰):
  The game is **played** with four players. *Das Spiel wird mit vier Spielern gespielt.*

- als Adjektiv (▷ ❸); jedoch selten vor Substantiven:
  They were totally **played**-out. *Sie waren total erschöpft.*
  What's the most **played** pop song? *Was ist der am meisten gespielte Popsong?*

A2 ### 21.2 Der Partizipialsatz

A1 **Der Partizipialsatz als verkürzter Relativsatz**
ⓘ Genauso wenig wie man alle Verben in der ing-Form verwenden kann, lassen sich alle Partizipien als Adjektive oder im Passiv benutzen. Partizipien, die vor dem Substantiv stehen, kommen viel seltener vor als im Deutschen.

Partizipien treten häufiger nachgestellt auf und sind meist Teil eines Relativsatzes (▷ **20.2**):
I saw a cat that was **playing** with a dead mouse. *Ich habe eine Katze gesehen, die (gerade) mit einer toten Maus spielte.*

☀ Steht in Relativsätzen eine Verlaufsform, die sich auf ein Objekt oder (seltener) ein Subjekt des Hauptsatzes bezieht, können Relativpronomen und to be-Form weggelassen werden:
I saw a cat **(that was) playing** with a dead mouse. *Ich habe eine Katze gesehen, **die** (gerade) mit einer toten Maus **spielte**. Oder: Ich sah eine mit einer toten Maus **spielende** Katze. (Der letzte Satz ist nicht direkt rückübersetzbar.)*

Weitere Beispiele:
Who's that girl **standing** in front of the house? (**who is** fällt vor standing weg) *Wer ist das Mädchen, **das** vor dem Haus **steht**?/Wer ist das vor dem Haus **stehende** Mädchen?*

The tourists watched a group of monkeys **eating** bananas. (**which were** fällt vor eating weg) *Die Touristen beobachteten eine Gruppe von Affen, **die** gerade Bananen **aßen**./Die Touristen beobachteten eine Gruppe von Affen, **wie** sie gerade Bananen **aßen**./Die Touristen beobachteten eine Gruppe von Bananen **essenden** Affen.*

Auf ebensolche Weise wird das Past participle verwendet:
I once knew a man **(who was) interested** in knitting. *Ich kannte einmal einen Mann, **der** sich fürs Stricken **interessierte**.*
Where did they find the picture **(which was)** A2 **stolen** from the museum last week? *Wo hat man das Bild gefunden, **das** letzte Woche aus dem Museum **gestohlen** wurde?*
They've repaired the windows **(that were) broken** in the storm. *Sie haben die Fenster repariert, **die** im Sturm **kaputtgingen**.*

⚡ Bei Partizipialsätzen ist es wichtig, auf das Bezugswort (Subjekt oder Objekt) des Partizips im Hauptsatz zu achten. Der Bezug des Partizips richtet sich dabei fast immer auf das am nächsten stehende Substantiv.

Ist der Bezug falsch, kann es passieren, dass es die Touristen sind, die die Bananen essen:
Some monkeys were observed by tourists **eating** bananas. *Eine Gruppe Affen wurde von **Touristen** beobachtet, **die** gerade Bananen **aßen**.*

Auch der folgende Satz ist unsinnig, weil der Bezug fehlerhaft ist. Das Subjekt des Hauptsatzes kann hier nicht die ausführende Person des Partizipialsatzes sein.

A black car drove by **looking** out of the window. *Ein schwarzer Wagen fuhr vorüber, der aus dem Fenster schaute.* (falsch: looking bezieht sich auf car)

I saw a black car **driving** by when I looked out of the window. *Ich sah einen schwarzen Wagen vorbeifahren, als ich aus dem Fenster schaute.* (richtig: driving bezieht sich auf car)

Oder mit zwei Partipialkonstruktionen:

Looking out of the window, I saw a black car **driving** by. *Als ich aus dem Fenster schaute, sah ich einen schwarzen Wagen vorbeifahren.* (richtig: looking bezieht sich auf I und driving auf car)

A2 **Der Partizipialsatz nach bestimmten Verben**

Partizipialkonstruktionen stehen relativ häufig nach bestimmten Verbgruppen wie:

> • Verben der Sinneswahrnehmung:
>   to feel *fühlen*   to see *sehen*   to hear *hören* usw.
> • Verben, die eine Beobachtung ausdrücken:
>   to observe *beobachten*   to watch *schauen*
> • sowie:
>   to come *kommen*   to go *gehen*   **B2** to remain *bleiben*
>   to find *finden*   to have *haben*   to leave *lassen*
>   to keep *halten*   to get *bekommen, werden*

Zwischen Verb und Partizip steht meist ein Objekt:

• Beispiele mit dem Present participle:
I saw Carrie **walking** down the street. *Ich habe Carrie gesehen, wie sie gerade die Straße runter ging.*
Have you ever heard a parrot **talking** like a drunken sailor? *Hast du jemals einen Papageien gehört, der wie ein betrunkener Seemann redete?*
I watched the kids **playing** baseball. *Ich schaute den Kindern beim Baseballspielen zu.*

- Beispiele mit dem Past participle:
  They found him **lost** in the woods. *Man fand ihn **verloren** im Wald.*
  She had her hair **cut**. *Sie hatte sich ihre Haare schneiden lassen.*

Den Verben to come *kommen*, to go *gehen* und **B2** to remain *bleiben*
folgt das Present participle ohne Objekt:
A group of teenagers **came running** down the hill. *Eine Gruppe
Teenager **kam** den Hügel **heruntergerannt**.*

Partizipialkonstruktionen dieser Art fungieren im Satzgefüge als
Objektergänzungen:
They left **the dog barking** on the balcony. *Sie ließen **den Hund
bellend** auf dem Balkon zurück.*
Will you get **your bicycle repaired** by tomorrow? *Wirst du **dein
Fahrrad** bis morgen **repariert** bekommen?*

Der Partizipialsatz als verkürzter Nebensatz **A1**
Besonders elegant klingen Partizipialsätze im Englischen, wenn man
einleitende Konjunktionen wie as *da*, when *wenn*, while *während* und
because *weil* weglässt.

Dabei ist Folgendes zu beachten:
- Das Present participle wird verwendet, wenn zwischen Haupt- und
  Nebensatz eine Gleichzeitigkeit vorliegt:
  Walking through the forest, I saw a fox. *Als/Während ich durch
  den Wald **ging**, sah ich einen Fuchs.*
  Feeling ill, I went home. *Als/Da/Weil ich mich krank **fühlte**, ging
  ich nach Hause.*
  Not **knowing** how to answer the question, she asked her sister.
  *Weil sie nicht **wusste**, wie die Frage zu beantworten war, fragte sie
  ihre Schwester.*

- Nach after *nach*, before *vor* und since *weil* kann auch ein Present
  participle stehen. (Es ist hier identisch mit dem Gerund ▷ **15**):
  After doing my homework, I went jogging. (= After I had done ...)
  *Nachdem ich meine Hausaufgaben **gemacht hatte**, ging ich joggen.*
  You should brush your teeth **before going** to bed. (= before you
  go) *Du solltest dir die Zähne putzen, **bevor** du zu Bett **gehst**.*

ℹ Alternativ zu after + Present participle (after doing) kann man auch having + Past participle sagen:
Having done my homework, I went jogging. *Nachdem ich meine Hausaufgaben **gemacht hatte**, ging ich joggen.*

⚡ Der gesamte Ausdruck having + Past participle wird auf Englisch Perfect participle genannt, was nicht mit dem Partizip Perfekt, der deutschen Entsprechung des Past participles, verwechselt werden darf. Das Perfect participle hat im Deutschen keine gängige Entsprechung.

Partizipien im Passiv

Partizipialkonstruktionen gibt es auch in Passivsätzen. Sie sind abhängig davon, ob Gleichzeitigkeit oder Vorzeitigkeit ausgedrückt werden soll:

- Bei Gleichzeitigkeit lautet die Form being + Past participle:
  On **being asked** something by my teacher, I turned red because I didn't know the answer. *Als ich von meinem Lehrer etwas **gefragt wurde**, wurde ich rot, weil ich die Antwort nicht wusste.*

- Zum Ausdruck der Vorzeitigkeit verwendet man:
  - having been + Past participle:
    Having been asked something by my teacher, I turned red because I didn't know the answer. *Nachdem ich von meinem Lehrer etwas **gefragt worden war**, lief ich rot an, weil ich die Antwort nicht wusste.*
  - after being + Past participle:
    After being asked something by my teacher, I turned red because I didn't know the answer. *Nachdem ich von meinem Lehrer etwas **gefragt worden war**, wurde ich rot, weil ich die Antwort nicht wusste.*

Wie Sie an diesen Beispielsätzen erkennen können, ist der Unterschied zwischen den Formen oftmals nur gering.

22 Der Konditionalsatz

> Why do chickens lay eggs?

> If they dropped them, they would break.

Warum legen Hühner Eier? – Wenn sie sie fallen lassen würden, würden sie zerbrechen.

Der Konditionalsatz gehört zur Familie der Nebensätze, die mit einer Konjunktion (▷ 18) eingeleitet werden.

☼ Die Konjunktion **if** *wenn, falls* steht in der Regel vor einem Nebensatz, der eine Bedingung oder Voraussetzung ausdrückt. Die Aussage des Hauptsatzes tritt ein bzw. würde eintreten, *wenn, falls* das im Nebensatz Gesagte zutrifft bzw. zutreffen würde.

Wie im Deutschen gibt es drei Grundtypen von Konditionalsätzen:

- Typ 1: für reale Begebenheiten in Gegenwart und Zukunft
- Typ 2: für irreale Begebenheiten in Gegenwart und Zukunft
- Typ 3: für irreale Begebenheiten in der Vergangenheit

22.1 Typ 1: Reales in der Gegenwart und Zukunft

Typ 1 verwendet man für tatsächliche und sehr wahrscheinliche Ereignisse in der Gegenwart und (häufiger) in der Zukunft:

If-Satz	Hauptsatz
if + Present tense	will + Infinitiv (ohne to)
If she **wins** the race,	she **will invite** us for dinner.
Wenn sie das Rennen gewinnt,	*wird sie uns zum Essen einladen.*
Gewinnt sie das Rennen,	*dann wird sie uns zum Essen einladen.*

☀ Der If-Satz muss nicht an den Anfang gestellt werden. Er kann auch hinter dem Hauptsatz stehen; doch nur dann, wenn der If-Satz vorne steht, wird er mit einem Komma vom Nebensatz abgetrennt.

ⓘ Dieser erste Grundtyp kann variiert werden. So ist es beispielsweise möglich, im Hauptsatz eine andere Zeit der Zukunft, z. B. going to oder die Verlaufsform der Zukunft, zu verwenden:

If she **wins** the race, she**'ll be partying** all night.
Wenn sie das Rennen gewinnt, wird sie die ganze Nacht (dabei sein zu) feiern.

Möglich ist auch Present perfect im If-Satz. Der Sprecher weiß nicht, ob das Rennen, das bereits vorbei ist, gewonnen wurde, vermutet es aber:

If she **has won** the race, she**'ll** surely **be partying** by now.
Wenn sie das Rennen gewonnen hat, wird sie sicherlich gerade (dabei sein zu) feiern.

Selten ist eine Kombination von Past tense im If-Satz und Present perfect im Hauptsatz:

If she **didn't win** the race yesterday, she**'s** probably **left** already.
Wenn sie das Rennen gestern nicht gewonnen hat, ist sie wahrscheinlich bereits abgereist.

ⓘ Beim Typ 1 kann neben if auch die Konjunktion when verwendet werden, wenn ein bestimmter Zustand in der Zukunft eintritt. Im Vergleich zu if drückt when eine größere Sicherheit aus:
I know she'll win, because she's the best. **When** she wins, we'll have a big party. *Ich weiß, dass sie gewinnen wird, weil sie die Beste ist. Wenn sie gewinnt, werden wir eine große Party feiern.*

Je nach Sinnzusammenhang lassen sich im Hauptsatz unvollständige Hilfsverben (▷ **13.2**) verwenden:
If she wins the race, we **should** invite her for dinner tonight.
Wenn sie das Rennen gewinnt, sollten wir sie heute Abend zum Essen einladen.

If-Sätze werden verneint, indem man entweder das Hilfsverb mit not oder das Vollverb mit do not/does not (did not für Typ 2 und 3) verneint:

If she **doesn't** win the race, she'll be very sad.
*Wenn sie das Rennen **nicht** gewinnt, wird sie sehr traurig sein.*

22.2 Typ 2: Irreales in der Gegenwart und Zukunft B1

Typ 2 verwendet man für irreale Ereignisse und Situationen in der Gegenwart und in der Zukunft. Es handelt sich meist um Wünsche, die nicht sehr realistisch sind, aber (theoretisch) im Bereich des Möglichen liegen:

If-Satz	Hauptsatz
if + Past tense	would + Infinitiv (ohne to)
If she **won** the race,	she **would invite** us for dinner.
*Wenn sie das Rennen **gewinnen würde**,*	*würde sie uns zum Essen einladen.*
*Wenn sie das Rennen **gewönne**,*	
*Würde sie das Rennen **gewinnen**,*	

Past tense im If-Satz steht als Ersatz für eine Konjunktivform (▶ 7.2). Beim Verb to be ist der Konjunktiv noch erkennbar durch zwei Past tense-Formen: were und was. Beide werden – vor allem im gesprochenen Englisch – im Konditionalsatz verwendet. Die Form were, die im Unterschied zum Past tense im If-Satz für alle Personen stehen kann, ist jedoch vorzuziehen:

If I **were (was)** you, I would invite her for dinner. *Wenn ich du wäre, würde ich sie zum Essen einladen.*
If she **were (was)** here right now, we'd go out together. *Wenn sie jetzt hier wäre, würden wir zusammen ausgehen.*

! Im If-Satz steht *kein* would!

Die Verwendung der anderen Hilfsverben ist jedoch möglich:
If she won the race, we **could** invite her for dinner.
*Wenn sie das Rennen gewinnen würde, dann **könnten** wir sie zum Abendessen einladen.*

B1 ## 22.3 Typ 3: Irreales in der Vergangenheit

Typ 3 verwendet man für irreale Ereignisse und Situationen in der Vergangenheit. Diese Wünsche sind *nicht mehr* realisierbar, weil sie in der Vergangenheit liegen.

If-Satz	Hauptsatz
if + Past perfect	would have + Past participle
If she **had won** the race,	she **would have invited** us for dinner.
Wenn sie das Rennen gewonnen hätte,	*hätte sie uns zum Essen eingeladen.*
Hätte sie das Rennen gewonnen,	

☀ Wie im Deutschen lässt sich im If-Satz das **if** weglassen und **had** vorziehen:

Had she won the race, she would have invited us for dinner.
Hätte sie das Rennen gewonnen, hätte sie uns zum Essen eingeladen.
Had I met her 20 years ago, I would have married her. *Hätte ich sie 20 Jahre früher kennengelernt, hätte ich sie geheiratet.*

Auch in den Sätzen des dritten Typs ist die Verwendung von Hilfsverben möglich:
If she had won the race, we **might have** invited her for dinner.
Wenn sie das Rennen gewonnen hätte, hätten wir sie vielleicht zum Essen eingeladen.

B1 ## 22.4 Mischtypen und Besonderheiten

B1 ### Mischtypen bei If-Sätzen
Es ist möglich, die Grundtypen des If-Satzes zu mischen. Man muss jedoch sehr genau darauf achten, dass die gewählte Konstruktion logisch und sinnvoll ist.
Zwei Beispiele:

• If-Satz: Typ 2 + Hauptsatz: Typ 3
  If she **won** the race, all her training **would not have been** in vain.
  Würde sie das Rennen gewinnen, dann wäre all ihr Training nicht umsonst gewesen.

- If-Satz: Typ 3 + Hauptsatz: Typ 2
  If she **had won** the race yesterday, we **would invite** her for dinner tonight.
  Hätte sie gestern das Rennen gewonnen, dann würden wir sie heute Abend zum Essen einladen.

Will und would im If-Satz B1

Im Widerspruch zum Lerntipp – Bei if kein would! – stehen die Ausnahmen, bei denen man will und would im If-Satz verwenden darf.

Dies ist unter folgenden Bedingungen möglich:

- will steht im If-Satz des Typs 1, wenn im Hauptsatz ein Resultat und keine Bedingung ausgedrückt wird. Vergleichen Sie:

  Bedingung: I **will** hold your hand if you kiss me.
  Ich werde deine Hand halten, wenn du mich küsst.
  (Der Kuss ist die Bedingung dafür, dass die Hand gehalten wird.)

  Resultat: I **will** hold your hand if it **will** help you overcome your fear.
  Ich werde deine Hand halten, wenn es dir hilft, deine Angst zu überwinden.
  (Wenn die Hand gehalten wird, hat das die Überwindung der Angst zur Folge.)

- will und would (im Sinne von *wollen* oder *gewillt sein*) können bei höflichen Aufforderungen mit if verwendet werden:
  If you **will** follow me, please. *Wenn Sie mir bitte folgen wollen.*
  If you **would** pass the butter, please. *Wenn Sie mir bitte die Butter reichen würden.*

- would steht in indirekten Fragen (▷ **23.2**), wenn if im Sinne von *ob* gebraucht wird:
  He asked me if I **would** go out with him. *Er fragte mich, ob ich mit ihm ausgehen würde.*
  I just wanted to know if you **would** trust him. *Ich wollte nur wissen, ob du ihm trauen würdest.*

B1 **Unless**

Unless bedeutet if ... not im Sinne von *außer wenn*, *wenn nicht* oder *es sei denn*. Man verwendet unless, um eine negative Bedingung auszudrücken:

> I arrive at 10 pm **unless** the flight is delayed. *Ich komme um 22 Uhr an, **außer wenn** der Flug Verspätung hat.*
> We can have dinner together **unless** my boss wants me to work overtime. *Wir können zusammen zu Abend essen, **es sei denn** mein Chef will, dass ich Überstunden mache.*
> I'll take the train to Oxford **unless** there's a train strike. *Ich werde den Zug nach Oxford nehmen, **wenn** die Bahn **nicht** streikt.*
> **Unless** you are ready in one minute, I shall leave without you. *Wenn du **nicht** in einer Minute fertig bist, werde ich ohne dich gehen.*

Unless darf nicht verwendet werden, wenn der Satz einen kausalen Zusammenhang im Sinne von *weil ... nicht* ausdrückt. In dem Satz *Meine Tochter wird sich ärgern, wenn ich ihr nichts zu Weihnachten schenke* übersetzt man das *wenn ... nicht* mit if ... not: My daughter will by angry **if** I do**n't** give her anything for Christmas.

B1 **Passivkonstruktionen**

Konditionalsätze lassen sich problemlos ins Passiv setzen. Sie klingen jedoch gelegentlich etwas hölzern:

> If the race **is won** (by her), she **will be invited** for dinner (by us). *Wenn das Rennen (von ihr) **gewonnen wird, wird** sie (von uns) zum Abendessen **eingeladen.***
> If the race **was won** (by her), she **would be invited** for dinner (by us). *Wenn das Rennen (von ihr) **gewonnen würde, würde** sie (von uns) zum Abendessen **eingeladen.***
> If the race **had been won** (by her), she **would have been invited** for dinner (by us). *Wenn das Rennen (von ihr) **gewonnen worden wäre, wäre** sie (von uns) zum Abendessen **eingeladen worden.***

23 Die indirekte Rede

A2

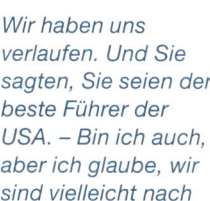

Wir haben uns verlaufen. Und Sie sagten, Sie seien der beste Führer der USA. – Bin ich auch, aber ich glaube, wir sind vielleicht nach Kanada reingewandert.

Die indirekte Rede verwendet man, um Worte oder Gedanken, die jemand geäußert hat, zu einem späteren Zeitpunkt zu wiederholen. Im Englischen sind dabei folgende Aspekte zu beachten:

- Die indirekte Rede wird meist mit einem Verb des Mitteilens eingeleitet.
- Das Prädikat des direkten Satzes wird meist eine Zeitstufe zurück in die Vergangenheit gesetzt.
- Die Konjunktion that *dass* vor der indirekten Rede entfällt häufig.
- Personalpronomen sowie Orts- und Zeitangaben müssen manchmal verändert werden.

Die indirekte Rede wird in den meisten Fällen vom Verb to say *sagen* eingeleitet. Möglich sind aber auch andere wie to tell sb. *jdm. sagen* oder to hear *hören*. Diese Verben stehen in der Regel im Past tense.

23.1 Die indirekte Aussage

B1

Änderung der Zeitstufe

B1

Das Englische geht davon aus, dass die Wiederholung des Gesagten zu einem späteren Zeitpunkt stattfindet. Anders als im Deutschen muss die Zeitform der direkten Rede eine Zeitstufe in die Vergangenheit verschoben werden – im Deutschen verwendet man den Konjunktiv I oder eine Konstruktion mit *würde*:

direkte Rede	indirekte Rede
"I **am** interested in rugby." „Ich **bin** an Rugby interessiert."	She said (that) she **was** interested in rugby. *Sie sagte, sie **sei** interessiert an Rugby./… dass sie an Rugby interessiert sei.*
"He **goes** jogging every morning." „Er **geht** jeden Morgen joggen."	He said (that) he **went** jogging every morning. *Er sagte, er **gehe** jeden Morgen joggen.*

Auf diese Weise verschiebt sich das Prädikat der direkten Rede in allen Zeiten und Formen. Das gilt auch für die Verlaufsformen.

⚡ Eine Ausnahme bildet nur das Past perfect, das man nicht weiter in die Vergangenheit schieben kann. Hier bleiben beide Formen in der indirekten Rede unverändert.

- Present simple → Past simple
  "I **don't** play golf."   He said he **didn't** play golf.
  „Ich **spiele kein** Golf."   *Er sagte, er **spiele kein** Golf.*

- Present progressive → Past progressive
  "They **are** building a house."   They said they **were** building a house.
  „Sie **bauen** ein Haus."   *Sie sagten, sie **würden** ein Haus **bauen**.*

- Present perfect simple → Past perfect simple
  "I **have bought** a horse."   He said he **had bought** a horse.
  „Ich **habe** ein Pferd **gekauft**."   *Er sagte, er **habe** ein Pferd **gekauft**.*

- Present perfect progressive → Past perfect progressive
  "I **have been reading** for two hours."   I said I **had been reading** for two hours.
  „Ich **lese** seit zwei Stunden."   *Ich sagte, ich **würde** seit zwei Stunden **lesen**.*

- Past simple
  "She **lived** in New Zealand."
  „Sie *wohnte* in Neuseeland."

  → Past perfect simple
  She said she **had lived** in New Zealand.
  Sie sagte, sie habe in Neuseeland gewohnt.

- Past progressive
  "It **was raining** when we **arrived**."
  „Es *regnete, als wir ankamen*."

  → Past perfect progressive
  They said it **had been raining** when they (**had**) **arrived.**
  Sie sagten, es habe geregnet, als sie angekommen seien.

⚡ Soll eine längere Rede wiederholt werden, die im Past tense steht, so bleibt man auch in der indirekten Rede häufig im Past tense, da eine lange Aneinanderreihung von Past perfekt-Formen sperrig und ungelenk klingt.

Die Verschiebung der Zeitstufen gilt auch für das Future simple sowie für alle Sätze, in denen ein unvollständiges Hilfsverb (▷ **13.2**) steht. **B1**

- will (Future simple)
  "I **will** fly to Rome."
  „Ich *werde* nach Rom fliegen."

  → would
  He said he **would** fly to Rome.
  Er sagte, er werde nach Rom fliegen.

- can
  "I **can't** swim."
  „Ich *kann nicht* schwimmen."

  → could
  She said she **couldn't** swim.
  Sie sagte, sie könne nicht schwimmen.

- may
  "We **may** go out later."
  „*Vielleicht* gehen wir später aus."

  → might
  They said they **might** go out later.
  Sie sagten, sie würden später vielleicht ausgehen.

- shall (*werden*) → would
  "I **shall** move to Yorkshire."   She said she **would** move to
  „Ich **werde** nach Yorkshire   Yorkshire.
  ziehen."   *Sie sagte, sie werde nach York-
  shire ziehen.*

- shall (*sollen*) → should
  "**Shall** I open the window?"   She asked if she **should** open
  „**Soll** ich das Fenster öffnen?"   the window.
  *Sie fragte, ob sie das Fenster
  öffnen solle.*

- must → had to
  "I **must** wash my car."   He said he **had to** wash his car.
  „Ich **muss** mein Auto   *Er sagte, er müsse sein Auto
  waschen."   waschen.*

ℹ Beim Futur mit going to (▷ **10.2**) verändert sich die Form von to be:
"**I'm** going to have a party tonight."   He said he **was** going to
have a party tonight.
„Heute Abend gebe ich eine Party."   *Er sagte, heute Abend gebe
er eine Party.*

⚡ Steht das einleitende Verb *nicht* im Past tense, sondern in Present, Future oder Present perfect, dann erfolgt in der indirekten Rede *keine* Verschiebung der Zeitstufe.

◑ Ausnahme: Wenn es sich um allgemeine Wahrheiten und Tatsachen handelt (die zum Zeitpunkt der Wiederholung immer noch wahr sind), erfolgt häufig keine Verschiebung der Zeiten, selbst wenn das einleitende Verb in einer Vergangenheitsform steht. Hier *kann* man das Present tense in der indirekten Rede beibehalten.

direkte Rede	→	indirekte Rede
"I **am** from Cork."	→	He said he **was/is** from Cork.
„Ich **bin** aus Cork."	→	*Er sagte, er sei aus Cork.*
"The moon **is going around** the earth."	→	He said the earth **is going around** the sun.
„Der Mond **dreht sich** um die Erde."	→	*Er sagte, der Mond drehe sich um die Erde.*

Änderung von Personalpronomen, Orts- und Zeitangaben   A2

Vorausgesetzt, man wiederholt nicht das, was man selbst eine Weile zuvor gesagt hat, ist es häufig notwendig, das Personalpronomen (▷ **5.1**) der direkten Rede abzuwandeln:

> Fred: **"I** don't think it's necessary to buy that program."
> Fred: *„Ich denke, es ist nicht notwendig, dieses Programm zu kaufen."*
>
> Paul: "Fred said **he** didn't think it was necessary to buy that program."
> Paul: *„Fred sagte, er denke, es sei nicht notwendig, dieses Programm zu kaufen."*

Es ist ebenfalls auf die Orts- und Zeitverhältnisse zu achten. Ein *hier* im direkten Satz muss je nach Standort in ein *dort* verwandelt werden; ein *gestern* kann aus der Sicht des wiederholenden Redners schon mehrere Tage zurückliegen, sodass man eher von *am Tag zuvor* sprechen muss.

Häufig verwendete Umschreibungen:

direkte Rede	→	indirekte Rede
here *hier*	→	there *dort*
yesterday *gestern*	→	the day before *am Tag zuvor*
tomorrow *morgen*	→	the following day *am Tag danach*
today *heute*	→	that day *an jenem Tag*
this week *diese Woche*	→	that week *in jener Woche*
last month *letzten Monat* usw.	→	the month before *den Monat zuvor* usw.

23.2   Die indirekte Frage   B1

Auch die indirekten Fragen unterliegen der Verschiebung der Zeitstufen. Bei Fragen mit **do/does** oder **did** verwendet man in der indirekten Form **if** oder **whether** *ob*. Eingeleitet werden indirekte Fragen häufig mit Verben wie **to ask** *fragen*, **to know** *wissen* oder **B1** **to wonder** *sich fragen*.

direkte Rede	→	indirekte Rede
"Do you **live** in Paris?"	→	She **asked** me **if/whether** I **lived** in Paris.
„Wohnst du in Paris?"		*Sie fragte mich, **ob** ich in Paris **wohne**.*
"**Are** you hungry?"	→	He **asked** him **if/whether** he **was** hungry.
„Hast du Hunger?"		*Er fragte ihn, **ob** er Hunger **habe**.*

☼ Bei Fragen, die mit einem Interrogativpronomen (▷ ⑭) wie **who** *wer*, **which** *welche*, **when** *wann* oder **where** *wo* beginnen, entfallen **if/ whether** sowie **do/does** und **did**. Das Interrogativpronomen bleibt aber in der indirekten Rede stehen. Die Wortstellung ist meist wie im Aussagesatz.

direkte Rede	→	indirekte Rede
"**Where** do you work?"	→	She asked me **where** I worked.
„Wo arbeitest du?"		*Sie fragte mich, **wo** ich arbeiten würde.*
"**Who's** that man?"	→	He asked him **who** that man was.
„Wer ist dieser Mann?"		*Er fragte ihn, **wer** dieser Mann sei.*
"**Which** waiter did you ask?"	→	They wanted to know **which** waiter I had
„Welchen Kellner hast du gefragt?"		asked. *Sie wollten wissen, **welchen** Kellner ich gefragt hatte.*

A2 ## 23.3 Der indirekte Befehl

Indirekte Befehle und Aufforderungen werden häufig mit den Phrasen **to tell sb.** *jdm. sagen, was er/sie tun soll*, **to ask sb.** *jdn. bitten* oder **to order sb.** *jdm. befehlen* eingeleitet. Die Verschiebung der Zeiten spielt hier *keine* Rolle. Hinter **to tell sb.**, **to ask sb.** und **to order sb.** steht ein Infinitiv mit **to**:

direkter Befehl	→	indirekter Befehl
"**Lock** the door!"	→	She **asked** me **to lock** the door.
„Schließ die Tür ab!"		*Sie **bat** mich, die Tür **abzuschließen**.*
"**Hurry up**, men!"	→	He **ordered** his men **to hurry up**.
„Beeilt euch, Männer!"		*Er **befahl** seinen Männern, **sich zu beeilen**.*
"**Close** the window, please."	→	They **wanted** me **to close** the window.
„Mach das Fenster bitte zu."		*Sie wollten, dass ich das Fenster schließe.*

Abschlusstest

① Der Artikel

Setzen Sie bitte den direkten, den indirekten oder keinen
Artikel ein.

a. What do you do? – I'm .... bus driver.

b. When does she get out of .... prison?

c. .... winter of 1946/47 was extremely cold.

d. I woke up with .... terrible headache.

e. Oxford is on .... River Thames.

f. A lot of smoke filled .... air.

② Das Substantiv

Welche Wörter werden großgeschrieben?

a. monday
b. green
c. german
d. house

e. missouri river
f. eat
g. birthday
h. november

③ Das Adjektiv

Bitte steigern Sie die Adjektive.

	Komparativ	Superlativ
a. blue	....	....
b. many	....	....
c. careful	....	....
d. good	....	....
e. few	....	....
f. far	....	....
g. great	....	....

A2 **4 Das Adverb**

Bitte entscheiden Sie sich: Ist ein Adverb oder ist ein Adjektiv notwendig?

a. He was driving very **slow** / **slowly** when he hit the dog.

b. **Unfortunate** / **Unfortunately**, he got an F in his English test.

c. The song "Act **Natural** / **Naturally**" was a hit for the Beatles in 1965.

d. She's always been a **good** / **well** piano player.

e. Mrs Borroughs tasted the hot coffee **careful** / **carefully**.

f. When he returned, the petrol tank was **near** / **nearly** empty.

A1 **5 Das Pronomen**

Fügen Sie bitte ein passendes Pronomen ein.

a. He moved to London last month. – Can you give me .... new phone number?

b. The Jacksons live next door, but .... are on holiday at the moment.

c. This is not your shirt. I'm sure it's ....

d. This cake is good. Did you make it .... ?

A1 **6 Die Mengenangabe**

Bitte ergänzen Sie die Sätze und übersetzen Sie die in Klammern gegebenen Begriffe ins Englische.

a. Could I have .... (etwas) more bread, please?

b. Have you eaten .... (etwas) today?

c. They haven't got .... (viel) money.

d. I watch SpongeBob .... (jeden) evening at a quarter to eight on TV.

e. This spoon is dirty. Can I have .... (einen anderen) one?

7 Das Verb A2

Bestimmen Sie bitte die blau unterlegte Verbform.

1. Infinitiv
2. Konjunktiv
3. Imperativ

a. Hurry up! We are late! ☐

b. She wants me to do the dishes. ☐

c. Could you close the window, please? ☐

d. God save the king! ☐

8 Die Gegenwart A1

Bitte entscheiden Sie, ob das Verb in der einfachen Form oder in der Verlaufsform steht.

a. I never eat / am never eating anything after 9 pm.

b. What time do you go to bed / are you going to bed every night?

c. Can I talk to Peter? – Sorry, he has / is having a bath at the moment.

d. We usually spend / are usually spending Christmas Eve at home.

9 Die Vergangenheit A2

Übersetzen Sie bitte die Sätze ins Englische.

a. Der Hund hat das Würstchen vor ein paar Minuten gegessen.

   ....

b. Letzte Woche habe ich mir zwei neue DVDs gekauft.

   ....

c. Hat es geregnet, als du nach Hause gekommen bist?

   ....

A1

⑩ Die Zukunft
Setzen Sie bitte will oder eine Form von to be going to ein.

a. It's late. I .... turn off the TV now and go to bed.

b. What do you plan to do? – I .... sell the car.

c. What .... the weather be like tomorrow?

A2

⑪ Die vollendete Gegenwart
Bitte übersetzen Sie die Sätze ins Deutsche.

a. I've been living in Perth since 2005.

   ....

b. He's just arrived in Melbourne.

   ....

c. She has been to Australia at least five times.

   ....

d. It's been raining for hours.

   ....

B1

⑫ Die vollendete Vergangenheit und andere Zeitformen
Bitte benennen Sie die Zeitform der blau unterlegten Verben.

a. I left the café after I had finished reading the newspaper.

   ....

b. He has been learning Spanish for slightly over a year now.

   ....

c. Yesterday around 6 pm I was preparing dinner. Everybody was hungry. ....

d. When I woke up I saw that it had been snowing all night.

   ....

⑬ Das Hilfsverb A2
Fügen Sie bitte das passende Hilfsverb ein.

a. You .... (nicht sollen) eat too much before you go to bed.

b. She .... (müssen) finish writing the report by tomorrow.

c. You .... (dürfen) turn off the TV now.

d. The children .... (nicht dürfen) play on the street.

⑭ Die Frage A1
Fragen Sie bitte nach dem hellblau hervorgehobenen Satzteil im jeweiligen Aussagesatz.

a. I saw a mouse in the garden.

....

b. I met her in the pub last night.

....

c. He's playing the accordion.

....

d. He stole the car.

....

⑮ Das Gerund A2
Vervollständigen Sie bitte die Sätze: Fügen Sie ein Verb als Gerund oder Infinitiv mit to ein:

to be / to hear / to clean / to spend

a. They decided .... their holidays on the Isle of Wight.

b. I remember .... in hospital when I was five.

c. We look forward to .... from you soon.

d. Mum wants me .... my room now.

B1 **16 Das Passiv**
Bitte setzen Sie die Sätze ins Passiv.

a. A lot of people speak English on the island.

....

b. The police have arrested the burglar.

....

c. A black car was following us.

....

d. They told her to go home.

....

A1 **17 Der Satzbau**
Bitte fügen Sie die Satzteile zusammen.

a. before 6 / never / get up / I / in the morning

....

b. a flat / for £ 200 a week / rented / he / near Russell Square

....

c. my sister / I / last night / visited / in her new house

....

A2 **18 Die Konjunktion**
Bitte fügen Sie eine passende Konjunktion ein.

although / because / after / until

a. I bought a bottle of water .... I was thirsty.

b. She took a shower .... she got up.

c. He didn't find the street .... his car had a navigation system.

d. They waited in the café .... the rain stopped.

19. Die Präposition
a. I'm seeing my dentist on Monday at 9 am.
b. I waited for you in front of the pub for at least 20 minutes.
c. The bank is opposite the post office.
d. The temperature was only 2 degrees above zero.

20. Das Relativpronomen und der Relativsatz
a. The team which/that won six gold medals is from Scotland.
b. The old man (who) you talked to yesterday lives next door.
c. The woman whose husband you met at my party is our new English teacher.

21. Das Partizip und der Partizipialsatz
a. Arriving at the airport, we saw that the plane was delayed.
b. Looking down from the tower, you can see how big the city really is.
c. We went to that restaurant recommended by the tourist guide.
d. I saw Sue this morning jogging along the river.

22. Der Konditionalsatz
a. If we went out tonight, I would wear the red dress that you like so much.
b. He'd have won € 30,000 if his lottery ticket had not been stolen.
c. If you'd put on your jacket, you wouldn't be cold now.
d. If the train had been on time, I wouldn't have missed the beginning of the concert.

23. Die indirekte Rede
a. Mum said she hadn't seen the film yet.
b. Mike wrote he was/is a lawyer working for Bogey & Bogus.
c. He thinks he won't be able to return it until 6 tonight.
d. He said we could do whatever we wanted.
e. She told me she had / has three children.

Unregelmäßige Verben

Infinitiv	Past simple	Past participle	Deutsch
arise	arose	arisen	*aufstehen/entstehen*
awake	awoke	awoken	*aufwachen*
be	was/were	been	*sein/werden*
bear	bore	born(e)	*tragen/gebären*
beat	beat	beaten	*schlagen*
become	became	become	*werden*
begin	began	begun	*beginnen/anfangen*
behold	beheld	beheld	*erblicken*
bend	bent	bent	*(sich) bücken/biegen*
bet	bet	bet	*wetten*
bid	bade/bid	bid/bidden	*bieten*
bind	bound	bound	*binden*
bite	bit	bitten	*beißen*
bleed	bled	bled	*bluten*
blow	blew	blown	*blasen/wehen*
break	broke	broken	*(zer)brechen/kaputtgehen*
breed	bred	bred	*züchten*
bring	brought	brought	*bringen*
broadcast	broadcast	broadcast	*senden (TV)*
build	built	built	*bauen*
burn	burnt/burned	burnt/burned	*(ver)brennen*
burst	burst	burst	*platzen*
buy	bought	bought	*kaufen*
cast	cast	cast	*werfen*
catch	caught	caught	*fangen*
choose	chose	chosen	*(aus)wählen*
cling	clung	clung	*festhalten, klammern*
clothe	clad/clothed	clad/clothed	*anziehen (Kleidung)*
come	came	come	*kommen*
cost	cost	cost	*kosten*
creep	crept	crept	*kriechen*
cut	cut	cut	*schneiden*

Infinitiv	Past simple	Past participle	Deutsch
deal	dealt	dealt	*handeln/dealen*
dig	dug	dug	*graben*
dive	dived (AE: dove)	dived	*tauchen*
do	did	done	*tun/machen*
draw	drew	drawn	*zeichnen/ziehen*
dream	dreamt/dreamed	dreamt/dreamed	*träumen*
drink	drank	drunk	*trinken*
drive	drove	driven	*(selbst) fahren*
dwell	dwelt/dwelled	dwelt/dwelled	*wohnen, weilen*
eat	ate	eaten	*essen*
fall	fell	fallen	*fallen*
feed	fed	fed	*füttern*
feel	felt	felt	*(sich) (an)fühlen*
fight	fought	fought	*kämpfen*
find	found	found	*finden*
fit	fitted (AE: fit)	fitted (AE: fit)	*passen*
flee	fled	fled	*fliehen*
fling	flung	flung	*schleudern*
fly	flew	flown	*fliegen*
forbid	forbade/forbad	forbidden	*verbieten/sich verbieten*
forecast	forecast	forecast	*vorhersagen*
for(e)go	for(e)went	for(e)gone	*verzichten*
foresee	foresaw	foreseen	*vorhersehen*
foretell	foretold	foretold	*vorhersagen*
forget	forgot	forgotten	*vergessen*
forgive	forgave	forgiven	*vergeben*
forsake	forsook	forsaken	*verlassen*
forswear	forswore	forsworn	*abschwören*
freeze	froze	frozen	*frieren*
get	got	got (AE: gotten)	*holen/bekommen*
give	gave	given	*geben*
go	went	gone	*gehen/fahren*
grind	ground	ground	*(zer)mahlen*
grow	grew	grown	*wachsen/(an)bauen*

Infinitiv	Past simple	Past participle	Deutsch
hang	hung/hanged	hung/hanged	*aufhängen/hängen*
have	had	had	*haben*
hear	heard	heard	*hören*
hew	hewed	hewn/hewed	*hauen*
hide	hid	hidden/hid	*(sich) verstecken*
hit	hit	hit	*schlagen/treffen*
hold	held	held	*halten*
hurt	hurt	hurt	*verletzen/wehtun*
keep	kept	kept	*(be)halten/weitermachen*
kneel	knelt/kneeled	knelt/kneeled	*sich hinknien*
knit	knit/knitted	knit/knitted	*stricken*
know	knew	known	*kennen/wissen*
lay	laid	laid	*legen/Tisch decken*
lead	led	led	*führen/leiten*
lean	leaned/leant	leaned/leant	*lehnen/sich neigen*
leap	leapt (AE: leaped)	leapt (AE: leaped)	*springen*
learn	learnt (AE: learned)	learnt (AE: learned)	*lernen*
leave	left	left	*(ver-, zurück)lassen/weggehen*
lend	lent	lent	*(ver)leihen*
let	let	let	*lassen*
lie	lay	lain	*liegen*
light	lit/lighted	lit/lighted	*anzünden*
lose	lost	lost	*verlieren*
make	made	made	*machen*
mean	meant	meant	*bedeuten/meinen*
meet	met	met	*treffen/kennenlernen*
mislay	mislaid	mislaid	*verlegen*
mislead	misled	misled	*irreführen*
misread	misread	misread	*falsch lesen/verlesen*
misspell	misspelt (AE: misspelled)	misspelt (AE: misspelled)	*falsch schreiben*
mistake	mistook	mistaken	*falsch verstehen*
misunderstand	misunderstood	misunderstood	*missverstehen*
mow	mowed	mown/mowed	*mähen*

Infinitiv	Past simple	Past participle	Deutsch
offset	offset	offset	*ausgleichen*
outbid	outbid	outbid	*überbieten*
outgrow	outgrew	outgrown	*herauswachsen*
outrun	outran	outrun	*davonlaufen*
overcome	overcame	overcome	*überwinden*
overdo	overdid	overdone	*übertreiben*
overeat	overate	overeaten	*überessen/zu viel essen*
overpay	overpaid	overpaid	*überbezahlen*
overrun	overran	overrun	*einfallen/überziehen*
oversleep	overslept	overslept	*verschlafen*
overtake	overtook	overtaken	*überholen*
overthrow	overthrew	overthrown	*stürzen (Diktator)*
pay	paid	paid	*(be)zahlen*
prove	proved	proved (AE: proven)	*beweisen*
put	put	put	*setzen/stellen/legen*
quit	quit/quitted	quit/quitted	*aufgeben/aufhören*
read	read	read	*lesen*
retell	retold	retold	*nacherzählen*
rid	rid/ridded	rid/ridded	*befreien/loswerden*
ride	rode	ridden	*fahren/reiten*
ring	rang	rung	*klingeln/anrufen*
rise	rose	risen	*(auf)steigen*
run	ran	run	*laufen/rennen*
saw	sawed	sawn/sawed	*sägen*
say	said	said	*sagen*
see	saw	seen	*sehen*
seek	sought	sought	*suchen*
sell	sold	sold	*verkaufen*
send	sent	sent	*schicken/senden*
set	set	set	*(fest)setzen/stellen*
sew	sewed	sewn/sewed	*nähen*
shake	shook	shaken	*schütteln*
shave	shaved	shaven/shaved	*rasieren*

Infinitiv	Past simple	Past participle	Deutsch
shear	sheared	shorn/sheared	*scheren*
shed	shed	shed	*vergießen*
shine	shone/shined	shone/shined	*scheinen/polieren*
shit	shat/shit	shit	*scheißen*
shoot	shot	shot	*schießen*
show	showed	shown/showed	*zeigen*
shrink	shrank/shrunk	shrunk	*schrumpfen*
shut	shut	shut	*schließen*
sing	sang	sung	*singen*
sink	sank/sunk	sunk	*sinken*
sit	sat	sat	*sitzen*
slay	slew	slain	*erschlagen*
sleep	slept	slept	*schlafen*
slide	slid	slid	*rutschen*
sling	slung	slung	*schleudern*
slit	slit	slit	*aufschlitzen*
slink	slunk	slunk	*schleichen*
smell	smelt (AE: smelled)	smelt (AE: smelled)	*riechen*
sow	sowed	sown/sowed	*säen*
speak	spoke	spoken	*sprechen*
speed	sped/speeded	sped/speeded	*eilen/schnell fahren*
spell	spelt (AE: spelled)	spelt (AE: spelled)	*buchstabieren*
spend	spent	spent	*ausgeben/verbringen*
spill	spilt (AE: spilled)	spilt (AE: spilled)	*verschütten*
spin	span/spun	spun	*spinnen, drehen*
spit	spat (AE: spit)	spat (AE: spit)	*spucken*
split	split	split	*spalten*
spoil	spoiled/spoilt	spoiled/spoilt	*verderben*
spread	spread	spread	*aus-/verbreiten*
spring	sprang (AE: sprung)	sprung	*springen*
stand	stood	stood	*stehen*
steal	stole	stolen	*stehlen*
stick	stuck	stuck	*kleben/hängen*
sting	stung	stung	*stechen*
stink	stank/stunk	stunk	*stinken*

Infinitiv	Past simple	Past participle	Deutsch
strew	strewed	strewed/strewn	*ver-, bestreuen*
stride	strode	stridden	*schreiten*
strike	struck	struck (AE: stricken)	*schlagen*
strive	strove/strived	striven/strived	*sich bemühen*
swear	swore	sworn	*schwören*
sweep	swept	swept	*kehren/fegen*
swim	swam	swum	*schwimmen*
swing	swung	swung	*schwingen*
take	took	taken	*nehmen/bringen*
teach	taught	taught	*lehren*
tear	tore	torn	*(zer)reißen*
tell	told	told	*erzählen/sagen*
think	thought	thought	*denken/glauben*
throw	threw	thrown	*werfen*
thrust	thrust	thrust	*stoßen*
tread	trod	trodden	*treten/gehen*
undergo	underwent	undergone	*durchmachen*
understand	understood	understood	*verstehen*
undo	undid	undone	*rückgängig machen*
wake	woke	woken	*aufwachen/aufwecken*
wear	wore	worn	*tragen (Kleidung)*
weave	wove	woven	*weben*
wed	wed/wedded	wed/wedded	*heiraten*
weep	wept	wept	*weinen*
wet	wet/wetted	wet/wetted	*nass machen*
win	won	won	*gewinnen*
wind	wound	wound	*wickeln/spulen*
withdraw	withdrew	withdrawn	*abheben (Geld)*
withold	withheld	withheld	*verweigern*
withstand	withstood	withstood	*widerstehen*
wring	wrung	wrung	*auswringen*
write	wrote	written	*schreiben*

Sachregister

*(Die Zahlen beziehen
sich auf die Seiten)*